2030年
不動産の未来と最高の選び方・買い方を全部1冊にまとめてみた

山下 努

東洋経済新報社

はじめに

これから家を買おうとするすべての人へ
住宅売買における9つの本質的なポイント

「住宅価格はいつ下がるのか」

「どこに、何を、いくらで、いつ買えばよいのか」

これらの疑問に対して、責任をもって答えるのは簡単なことではない。

どれほど科学が進歩しても、「大地震がどこで、いつ、何時ごろ起こるのか」は、正確に予測することはできない。

不動産バブルの崩壊も同じだ。

ただ、不動産バブルは取引の累積により形成されるので、**市場に厚みができない戸建て住宅の購入者は、最初から負け組**である。

一番大切なのは**「家は一生に一度の買い物」という誤った考えを捨て、人生で二度以上売買する**という考え方だ。そうすることで、損失リスクは抑えられる。

本書では、こうした新しいマイホーム戦略のお話をしよう。

災害リスクに対応した「サンドイッチ売買」の住宅投資戦略

現状で**「30年以内に首都直下型地震の起こる確率は7割」**とされるリスクを、「一生に一度の買い物」として自分でローンごと引き受けることはない。

国土交通省が2020年に公表した、各都道府県内の総人口に対する災害リスク地域内に居住する人口割合は、東京都で95%、愛知県が96%で、**地震大国である日本はどこに住んでも「危ない」**という状況だ。

災害リスクには、

①洪水（1000年に一度程度の降雨による浸水）
②土砂災害（警戒区域）
③地震（今後30年間で震度6弱以上の地震発生確率が26％以上）
④津波（最大級の津波による浸水）

があるが、火山の噴火などは含まれていない。また、国土強靭化事業増額に向け、南海トラフ地震の発生確率が水増しされているなど、**地震も日本特有の事情**がある。

また、24年元日に大地震が襲った能登半島は、ごく一部を除いて安全なエリアとされていた。

繰り返すが、首都直下型地震も30年内に起きる確率は7割だ。

これからのマイホーム戦略は、**10～15年で物件を売って賃貸生活も挟む「サンドイッチ売買」**だ。

それこそが、いまの資産市場に対応した売買術であり、災害やインフレリスクにも対応している。

投資家はみんなバブルが好き

長期にわたる大規模金融緩和のツケで、現在は**「不動産」「株」「国債」のトリプルバブルの処理**が迫られている。

一方で、詳しくは本書内で解説するが、余剰マネーはこの30～40年の間に、３つのバブルをうまく渡り歩いてきた。

勤労層にも**バブルのリレーに対処できる「新しい住宅投資戦略」**が不可欠なのだ。

言い換えれば、読者にはバブルに変身して「バブルの気持ち」になってもらわないといけない。マイホーム投資には「不動産好き」の部分はマイナスにも働くが、「バブル好き」はマイナスにならない。

投資家は、住宅も含めてみんなバブル好きだ。

「バブルを早い段階で察知して買い、崩壊寸前の最高値で売りたい」。誰しもそう思う。

バブルは不動産、株、国債、通貨からロレックスなど高級時計（中古含む）から、古くはオランダのチューリップの球根の投機熱まで遡る。

世の中の富、強欲、政権維持まですべての欲を取り込んでバブルは発生し、そして崩壊する。デフレの悲観論というマイナスの「期待」を集めたバブルである。

そこから、いまの日本の「不動産」「株」「国債」のトリプルバブルは発生したのだ。停滞した経済においては、バブルを動的な推進力にするほかはないのか。

また、中央銀行は物価の番人といわれるが、日銀が稀有の規模で株を買い占め、不動産（Jリート）も買っている。物価統計には、株や不動産などの資産の価格は含まれない。

本書では、**日本で最もバブルが好きな組織は日銀である**こともあぶり出したい。資産市場は本来、日銀の管轄外ではない。

さて、もし地震などの大災害が起きる日まで正確に予測可能なら、大変なことになる。的中する予測は地震の前に、日常の経済活動において天変地異を引き起こすだろう。

なぜなら、発表時点で震災日に合わせた経済行動が全国で沸き上がるので七転八倒するような現象が起き、たとえば能登半島地震が予測されたら、「能登」は売り一色になってしまう。

首都圏直下型地震や南海トラフ地震の発生日がわかってしまったらどうだろうか。日本中が大混乱する。

東京23区の不動産価格は別世界

前回のバブルも超えた「23区の新築マンション平均価格が2023年の通年価格で1億円突破」の知らせは、将来の円通貨の暴落懸念（悪性インフレ、財政インフレを警戒）を背景に起きている。

また、4万円を突破し、史上最高値を更新した**日経平均株価が上がると、その「資産効果」でマンションなどの投資対象にもなる不動産価格も上がる。**

株の上昇によって資産が増えた富裕層が、市場に厚みがあり流動性が高く収益が見込まれるタワーマンションなどを買いに動くのだ。

不動産と株は資産市場のメインの受け皿だが、価格の形成もバブルの情勢も、そのバブルの崩壊にも互いに連動性がある。

株式が上がるだけで、株で含み益を得た形の投資家に「資産効果」が生まれ、マンションにも投資先を広げる。

23区は他エリアと別世界になっている。

超高層とすぐわかる「タワー」と名がつけば売れるし、値上がり率も高い。

20階建て以下の中小型物件、「億ション」と呼べない中低層マンション（中低層でも一戸2億円を超す高級物件は別）は、市場に厚みがなく富裕層のマネーが十分に入ってこないので、購買（投資対象）にしない人もいる。

東京では、オフィスビルを中心に空前の「タワー」建設ラッシュだ。

「タワー」と名づけたほうが、超高層とわかり、値上がりしやすいと歓迎される

大型再開発には、高層階が一戸数億円から数十億円以上の超高級マンションが併設されるケースが増えている。

都心再開発のカラクリ

再開発も止まらない。

再開発でもうかるエリアは都心の未利用地等にシフトし、それは**公園や学校など、高さ・容積率が未利用の公有地**が多い。

デベロッパーは公園を難なく商業用地に「変換」してしまう。

計画と資金を民間に頼る自治体が事実上、自治体の公共事業を「丸投げ」してしまうからだ。それは建物が古くなって建替えのときに起こりやすい。

土地をまとめて大規模に開発し、**行政が求めるＭＩＣＥ（会議、学会、研修、展示会など、**

集客交流が見込まれるビジネスイベントなどの総称）の機能を発揮できる施設を収容すると、再開発計画には巨額の補助金が出る。さらに建物の高さ規制の大幅な緩和、建物を大きく高くできる容積率のボーナスといった規制緩和が与えられる。

箱物であるホールやホテルなど、行政が指定した用途の建物を設ければ、簡単に容積率を上げられる時代だ。**外国人や富裕層は、こうした「希少価値があって値上がり確実な超高額マンション」に好んで投資する。**

また、今後5年間のオフィス床の新規供給面積の5割が港区に集中し、ますます都心回帰が進む。それに合わせ住宅の都心需要も伸びる。

23区の不動産会社は、需要に応えるだけの都心や湾岸マンションの中古の玉がないので、マンション「買い取り」（売り先を確保せずに業者が自分で買う行為）に走る。

ますます全国の新築・中古住宅の市場事情とかけ離れるばかりだ。

円安効果で、高値で買う外国人が市場を牽引しているので、2年前の水準で見れば、業者も太っ腹な値段で、自分で買っている。

10年経てば相場は戻る

これからの新しい不動産戦略として、住宅の所有期間の目途は、10～15年としよう。

これは地震などの大災害も「10年ひと昔」で忘れてしまうといわれることも考慮に入れている。コロナなら半年だ。

たとえば、2011年の東日本大震災。

津波の怖さから、神奈川県藤沢市の臨海部など湘南の住宅地の価格が下がり、液状化の被害が大きかった千葉県浦安市も「地震前の相場で買う人は誰もいない」といわれたものだが、震災後、金融緩和の効果もあって**10年ほどで相場は元に戻った。**

また、湾岸エリアは、津波や液状化で危ないといわれる。

たしかに、山の手や武蔵野台地なら災害リスクは湾岸エリアより低いかもしれないが、台地や丘陵地の一帯には土砂崩れなど、埋め立て地にないリスクもある。

これらの点を整理すれば、**解決すべき疑問点は9つに絞られる。**

次の知られざる「9つの本質的なポイント」さえ認識すれば、住宅購入で失敗するリスクが小さくなり、利益も期待できるだろう。

住宅売買で絶対に押さえておきたい「9つの本質的なポイント」

①価値の落ちない新築マンションは、なぜ1億円（2023年の23区平均価格）を突破したのか

マンション1億円時代の背景が分析できれば、住宅投資には絶対負けない。

②新築物件値下がりの材料になる建築費は下がるのか

日本は地震などの災害大国で、公共事業が多く、建設業者数も多いままなので、再開発事業も絞りにくい。建設需要は止められないので、建築費は下がりにくい。

③市場が拡大する中古マンションは、どこを買えばよいのか

新築が建てられ、中古市場が厚いところがよい。

大都市のなかでも、たとえば東京23区は都心か湾岸。もちろん前提は中短期投資だ。

④激変する「新しいマンションの買い方」とは、どのようなものか

前回のバブル崩壊後から不動産、金融市場は変化している。

買い手の消費者がそれに対応できておらず、まずい買い物しかできないのが現状だ。

⑤マイホーム購入のすべての問題を解決する「サンドイッチ売買」とは何か

マイホーム購入、売却、賃貸住まいを繰り返し、相場の変動や家族数の増減に対応する。

地震など災害リスクも限定する買い方だ。

⑥値上がりするマンションを、どう見分けるか

購買層がなぜそのマンションを狙っているのかの最大公約数を探せばよい。価格上昇の流れをつくっているのが外国人なら、彼らの次の一手を予想する。冷静な市場分析や自分の投資戦略は別に持つ。この先もみなが「イケメンマンション」だと思うマンションを探し出せばいい。

⑦今後、日銀の新しい不動産バブルに、調整は起きるのか

日本はもう20年以上もの長期にわたって金融緩和を続けている。長短の金利はゼロ金利、マイナス金利へと向かった。日銀は世界で最も金利が低い世界を演出し、そこから脱する利上げの動きも、日本は主要国で最も遅い。

訪日客や外国勢による資産市場の好調を維持する点を考えると、２０２３年3月に政策金利を0％以上にした日銀は「できるだけ24年も利上げをしたくない、そして円安のままにしておきたい」のが本音だ。

現在の不動産と株のバブルも日銀が過激な金融政策で演出した帰結だが、それこそが「日銀バブル」だと判断されれば、お金が流れ込んだ不動産や株の価格は調整を受ける。

不動産価格と株価を上げている買い手の半数程度は外国人で、円安効果があって外貨

ベース価格に換算すると「安いから」買っているにすぎない。

もし、為替が円高方面に触れて動かなくなれば、高級マンションの価格も下がっていく。

また、株も大幅な配当利回りの低下や将来的な業績不振が見込まれれば、下がっていく。

さまざまな尺度から調整の余地はあると言える。

⑧インフレ時代の住宅ローン戦略を、どうとらえるか

マンション1億円相場は、悪性インフレの懸念からも来ている。

金利について借入時に工夫すれば、インフレによってどんどん住宅ローンの返済負担が減り、インフレが住宅ローンを返してくれる。

政府が発行する債務である国債（10年ものが長期金利の指標）を債券市場からほとんど買い占め、1100兆円強の国債の発行残高の半分を超す600兆円規模を日銀が買ってしまった。

この歴史的な政府債務の日銀による買い上げなどを通じ、かつてないほどのマネーが民間市場に供給された。ゼロ金利解除後も、過去に日銀が買い込んだ国債、株、不動産（リート）はなかなか、日銀からは売れない。

今後の利上げは非常にゆっくりとなり、それは前例のないカネあまりと超低金利を生み、お金は資産市場に大量に流れ込んで、収益が見込めるマンションや優良株はどんどん値上

図表1　住宅着工戸数の推移

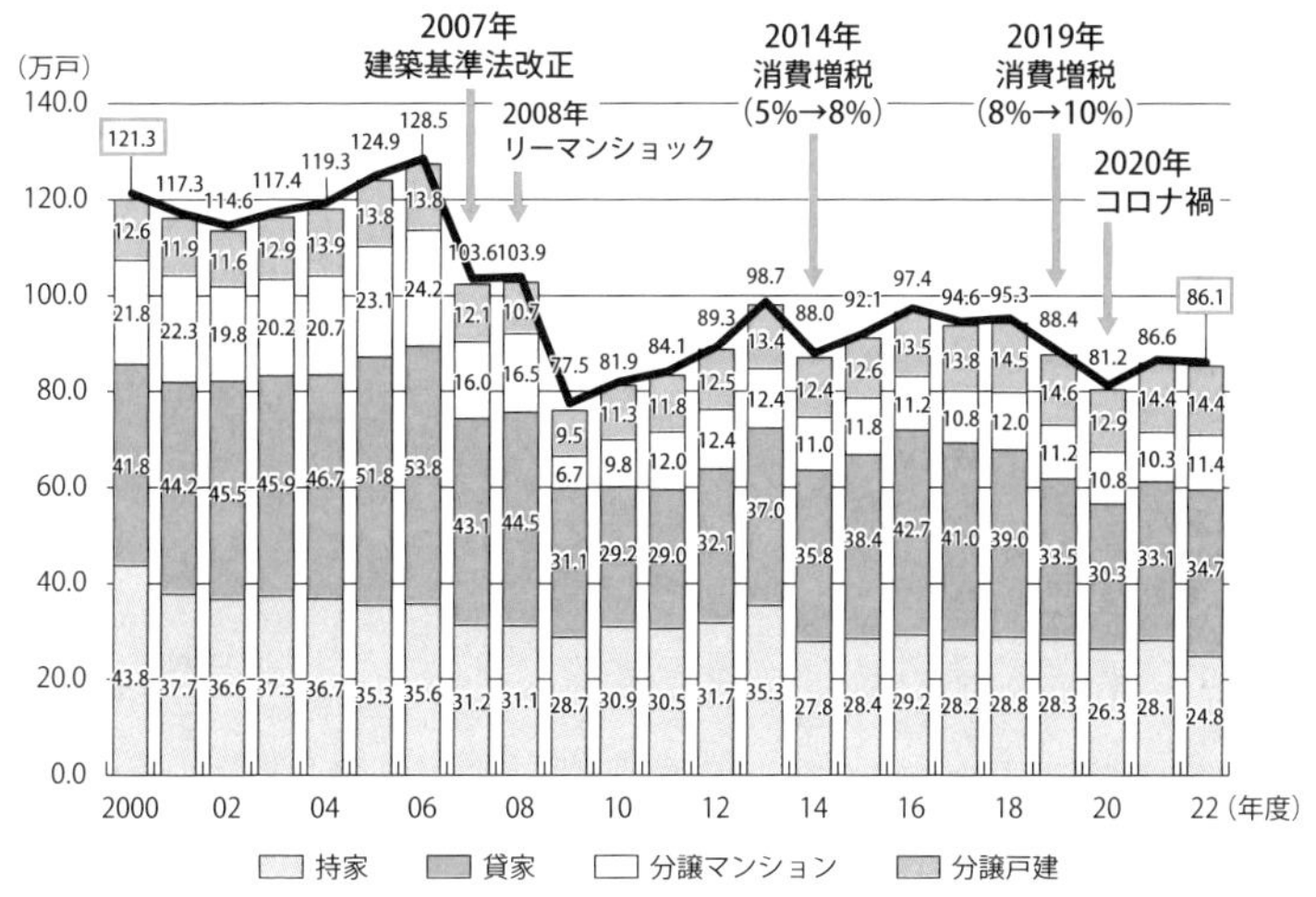

出所：国土交通省「住宅着工統計」

がりした。

しかし、日本銀行券（お札、円）の価値は日銀の資産が健全でないと動揺する。そして、政府債務はどんどん累増している。

政府が税収をベースにしっかり返済していくことは、もはや不可能に近い。少子高齢化・人口減少は止まらないので、財政需要もどんどん増えていく。

本書を読めば、こうした既定路線の未来が予想できる。今後も政府の借金を日銀に押し付ける懸念が、じつは悪性インフレを予想させ、お金を優良不動産や株に変えようという動きが、すでに始まっているのだ。

⑨郊外と地方はどうなるのか

マンション1億円時代に安い郊外のマンションを買うと、人口減少のなか、何度も「もう少し待って買えばよかった」という値下がり局面が続く確率が高い。

新築マンションは、東京圏（東京都、神奈川県、埼玉県、千葉県の1都3県）で駅徒歩5分以内が4割弱を占めるまでになり、郊外では徒歩5分以内の物件でないと資産性を保つのは厳しい。

以上9つのポイントについては、改めて本書で詳しく解説する。

序章と第1章では、東京23区のマンション事情と平均1億円を超えた裏事情を、第2章では、これからの狙い目のエリアや、おすすめしないエリアを紹介する。

第3章では、**これからのマンションの新しい買い方「サンドイッチ売買」**について詳しく触れ、第4章では、**不動産市場をマクロ視点でとらえる**ための新旧バブルの理由や日銀と金利の関係などについて解説する。

第5章から第7章では、米国、韓国、中国の最新不動産事情を紹介したい。

第8章では、**空き家が増えていく日本での不動産戦略と、狙い目である中核市候補と予備軍の都市**などについても紹介しよう。

第9章では、晴海フラッグなど、自治体と大手デベロッパーによる公有地の再開発について、第10章では、大手デベロッパーによる都心開発のカラクリを解説する。

最後に、第1章から第10章までを**「これから家を買うサラリーマンのための資産防衛術8ヵ条」**としてまとめ、住宅購入を検討している人へのわかりやすいアドバイスとした。

本書がこれから住宅購入や売却、あるいは自宅不動産を通して資産を増やしたいという人たちの参考になれば、幸いである。

［目次］

２０３０年 不動産の未来と最高の選び方・買い方を全部１冊にまとめてみた

序章　「マンション1億円時代」の最新事情10話

「富裕層」成長効果で「1年で3000万円も上がった」23区の新築マンション

【最新事情】

第1章
東京のマンションはなぜ平均1億円まで上がったのか

■駅徒歩15分以上の物件に価値はない……059
■都心の高級物件は投資家向けの商品……060
■タワマンの売り渋りで新築価格は右肩上がり……061
■海外勢の買い方を学び「マイホームは一生もの」の思い込みを捨てよう！……063
■海外勢の不動産投資が「為替の波」と連動して不動産市場を揺るがす……065
■新築が発売されるエリアで中古を狙え……067
■値上がりしているのに、なぜ外国人が買うのか？……068

第2章

買ってはいけないエリア、狙い目エリアを見極める

第3章 20代・30代のための不動産の「サンドイッチ売買」

第4章

「1億円のマンション」を生み出した真犯人は日銀だった

第5章 ますます進化を遂げる米国の不動産テック

第6章

韓国はどうなる？ 迷走する「不動産の行方」と前政権も窮地に追い込んだ「ソウルバブル」

第7章

中国はどうなる？ 日本の「失われた30年」とソックリだ

第8章 日本は「空き家天国」か、それとも「空き家地獄」になるのか

第9章 公有地を巻き込んだ再開発で「得するマンション」が誕生

第10章 大手デベロッパーを中心に回っている都心の不動産

特別付録

これから家を買うサラリーマンのための資産防衛術8ヵ条

【資産防衛術】

序章

「マンション1億円時代」の最新事情10話

「富裕層」成長効果で「1年で3000万円も上がった」23区の新築マンション

最新事情 1

「マンション1億円」の時代がやってきた

東京や大阪の大都心、東京湾岸エリアのタワマンを中心に、新築も中古もマンション価格の上昇が止まらなくなっている。

2023年の東京都区部の新築マンション平均価格（不動産経済研究所調べ）は、前年比39・4%アップして**1億1483万円**となり、**はじめて1億円の大台を超えた。**

23区の新築マンションは、23年に前年より3000万円以上も値上がりした。

これは結論からいえば、**40年ぶりに近い新型の不動産バブル**である（第3章で詳しく分析する）。

中古物件も、大きく値上がりするエリアは限られている。人件費や資材など建築費の高騰をダイレクトに反映する新築が供給できるエリアが中心だ。

長期の超金融緩和にコロナ禍が重なったうえ、インフレがやってきた。

長年の日銀政策やコロナ後の財政出動で富裕層に追い風が吹き、**いまの日本は「お金持ちだけが黙っていても得する時代」**に入ってしまった。

高級品に人気が集まり、もうかるのはマンションばかりでなく、自動車や時計、アパレル、ブランド品など、幅広い商品群で見られる現象だ。

もちろん、そうした陰にはマンション供給業者がリーマンショックで大量に淘汰され、**「メジャーセブン」と呼ばれる大手7社（住友不動産、三井不動産レジデンシャル、三菱地所レジデンス、東急不動産、野村不動産、東京建物、大京）**が供給を担っているからだ。

市場には大手の深謀遠慮が働き、タワマン市場が大きく活性化する方向が目指されている。

一生住むなら避けたほうがいいかもしれないが、**最長15年程度で売ることを考えれば、利回りのいいのが「タワマン」**だ。

最新事情

2 今後、建築費が下がる見通しはあるのか

デフレ時代が終わり、人件費や材料費は今後も下がる見通しはないとすれば、**「マンションの原価のかなりの部分をしめる建築費は、今後も下がる兆しがない」**という見方も強い。

建設物価調査会の調べでは、東京のマンション建築費は6カ月連続で過去最高を記録した（2024年1月発表）。水道設備やコンクリート杭の値段が上がってコスト増につながった。

建設用の鋼材は、原材料高や物流費、人件費の上昇を背景に、メーカー各社が相次いで値上げした。23年12月の東京の工事原価は、前年同期を6％上回った。人件費の上昇のなか、都内で再開発ラッシュが続いているためだ。

建築費指数は21年以降、急ピッチで上昇中だ。コロナ禍による原料の供給制約に経済回復が重なり、ウクライナ戦争で上昇が加速された。**セメント、照明器具、浴室、トイレ、洗面台など、値上がりしないものはない。**

24年4月から土曜出勤も普通だった建設産業で残業規制が実施され、**人件費はさらに上がりそう**だ。

職人も鉄筋工やコンクリート型枠工などが引っ張りだこだ。高い工賃を払って要員を確保しないと建築が進まない。

また、日本経済は新築住宅建設など土木・建築といった建設事業への依存度が高い。前回の不動産バブル崩壊に反省がなく、政府建設投資で景気を支えてきた。このため過剰な建設業人口を減らし、ほかのデジタルやITなどに移転を促す政策もなかった。

過剰な建設業人口を抱えながら、止まらない再開発現場も迫る竣工時期に合わせるため、要員の奪い合いをしながら、建設現場はフル操業の状態が続く。

この結果、職人の高齢化や職人不足を招き、残業が多い業種となった。

公共事業も雇用対策として大盤振る舞いが続くので、需要はひっ迫する。

人件費を下げる要素は、いまのところない。

最新事情 3

中古マンション価格が逆転するウラ事情

中古マンション価格は、どう動いているだろうか。

建築費が高騰すれば、建築費が安い時代に建てられた中古マンションは割安となって人気が出るので値が上がる。これは当たり前だ。

経年劣化を除けば、人件費や部材も安い時代につくられ、**新築よりしっかりした素材で高級につくられている場合もある。**

中古マンションが建てられたころの建築費指数と現在の指数を比較すると、10~15年前の建築費は断然安い。過去10~15年間に建てられたマンションのほうが、経年劣化を考慮しても、なおお買い得と判断できるケースも少なくない。

東京カンテイによる中古マンションの価値を示すリセールバリュー調査を見てみよう。

築10年程度を経た中古マンションの平均希望売り出し価格を新築時と比べて算出したところ、2022年の首都圏の平均は132・5%に達した。

図表2　東京圏の新築分譲マンションにおける大規模物件の供給戸数とそのシェア

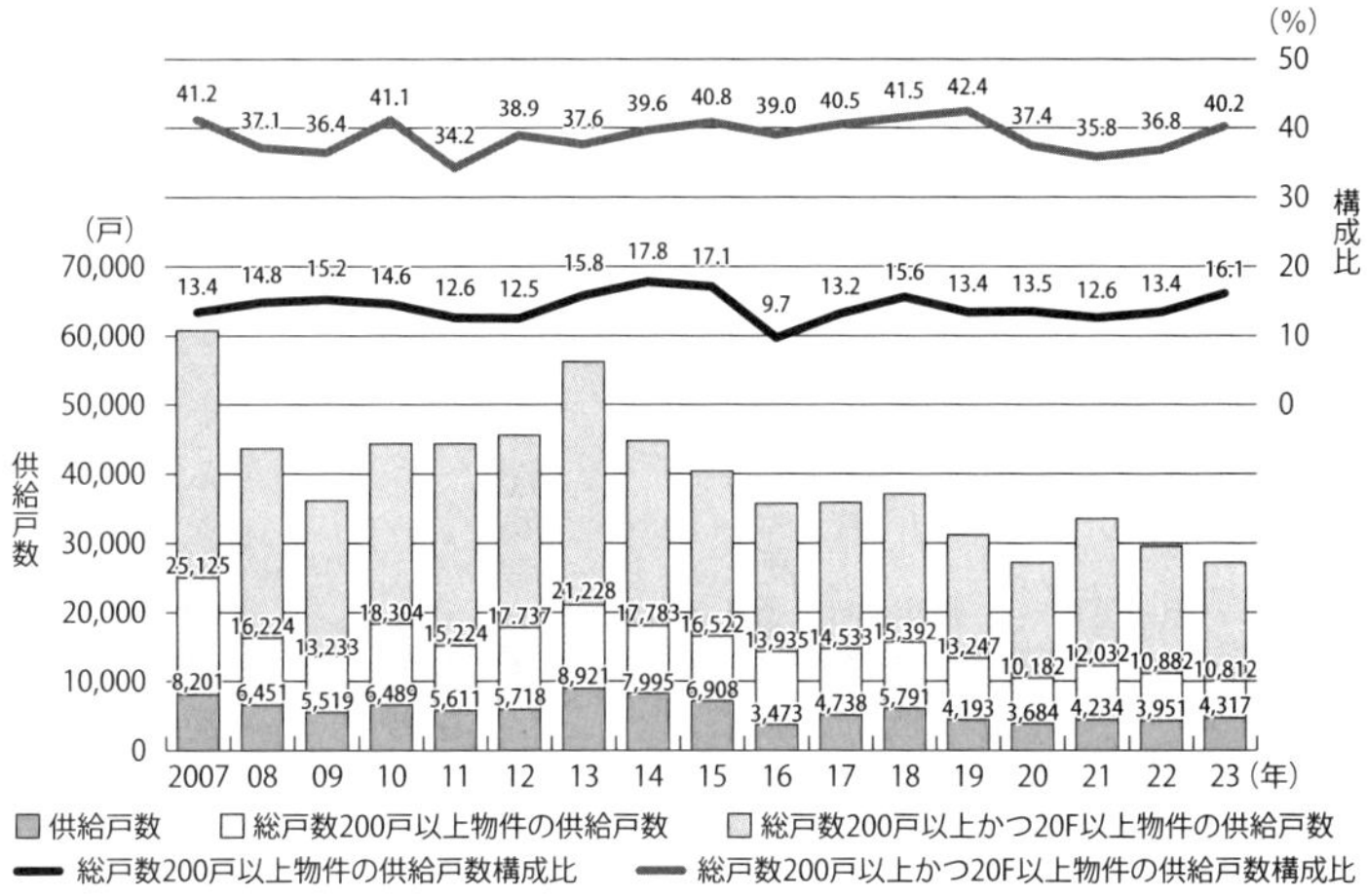

出所：長谷工総合研究所

前年から12・7％上昇しており、新築時の1・3倍の価格で売りに出されていた。

18年時点では91・4％と新築時を下回っていて新築よりは安かった。20年に100％を超えて逆転し、なお上昇している。

調査対象の398駅のうち、**約98％に当たる389駅で新築時の価格を中古が上回る「逆転現象」が起きた。**

築20年で、新築時の1・5倍、2倍に跳ね上がる中古マンションもある。

東京カンテイによると、23区の中古マンション平均希望売り出し価格は、23年8月に70㎡当たり7030万円と、3年前に比べて2割強高くなった。

このうち、中央、渋谷、新宿、千代

田、港、文京の都心の6区において、中古マンションの売主の初回売り出し希望価格は、70㎡換算においても1億円を超えてしまった。

新築は高倍率の抽選がつきものなので、**確実に買える高価格帯の中古マンションが人気となる。**中古なら新築後の中古市場の値動きも確認できる。

また、あまりの高騰ぶりに**新築購入を諦めた人の半数前後は、その地域で中古物件を探す**ため、新築との価格に落差があれば、中古もどんどん売れていく。

このような経緯から、**価格面で中古が新築を逆転する現象が広がる**ことがわかる。

湾岸地域のタワマンラッシュ、海外勢の購買意欲も中古物件の値上がりに貢献

たとえば、マンションが「供給過剰」ともいわれてきた湾岸では、元選手村の**「晴海フラッグ」**をはじめ、勝どきや月島で今年から数年間、巨大なタワマンがいくつも供給される。

高倍率の抽選から漏れた人々は、供給不足のなか、周辺地の中古物件に向かう。

欧米では中古市場のほうが圧倒的に厚いが、日本も予期せぬ理由で湾岸からそうなりつつある。

流れとしては自然だ。

新築が建設されれば、その物件がすぐ中古として流通可能な物件のストックになる。**高値の中古のストック量が多くなると、すでにある中古物件もよく動く**ようになる。売買物件が増えて、いつでも売買でき、売買にともなう不安がなくなるエリアに化けるのだ。

さらに、将来の売却益を狙う海外の投資家の購買意欲が中古価格の水準を押し上げる。彼らは中古マンションを高く買ってくれるのだ。移民を受け入れ、人口が増える米国でさえも、住宅売買の8割は中古が占める。

日本の人口は減少が止まらず、外国人に買ってもらえないマンションは、これから「負け組物件」に転落するだろう。

最新事情 4

「マイホームは一生に一度の買い物」という考え方を捨てる

新築マンション1億円時代を迎えて、本書で伝えたいのは、**サラリーマンにとってマイホームの買い方がこれから激変する**ということだ。

「マイホームは一生に一度の買い物」という世間常識は時代と合わなくなり、大きな誤りとなった。

日本の災害リスクは非常に高く、35年ローンで半世紀も同じ家に住んでいたら、東京においても、首都直下地震、房総沖地震、南海トラフ地震、富士山噴火のリスクをすべて引き受けることになる。それは**愚劣極まりない投資戦術**だ。

本書で推奨するマンションの所有期間は、10〜15年。

所有期間の目途を10〜15年とするのは、地震など大災害も「10年ひと昔」で忘れてしまうといわれるためだ。

「はじめに」でも述べたように、2011年の東日本大震災によって津波の怖さから神奈川県藤沢市の臨海部など湘南の住宅地の価格が下がり、液状化の被害が大きかった千葉県浦安市も「地震前の相場で買う人は誰もいない」といわれたものだ。しかし震災後、金融緩和の効果もあって、10年ほどで相場は元に戻った。

バブルと災害は何度も繰り返して、忘れないうちにやってくるが、打撃は元に戻る。

住宅は住宅ローンを使っても使わなくても、金融商品としてとらえることが出発点だ。

それなら、「マイホームは一生もの」「一生に一度の買い物」という先入観は一度捨ててみたほうがいい。

最新事情 5

すべての問題を解決する「サンドイッチ売買」の秘密

時限立法、景気対策、自民党税制調査会、政府税制調査会などの動きを見れば、住宅関連の税制はくるくる変わる。

とはいえ、住宅ローン減税の期間は10年が基本で、大規模修繕は築15年が基本だ。だから、10年から15年で売らなければならない。

住宅（マンション）は10～15年で買い換え、人生で2～3回買うのがいい。できれば安値期に購入し、高値期に売り、売却益を確定したうえで賃貸に住む。相場が下がったところで再取得する。こうしたサイクルを2度、3度繰り返すのだ。

「それは面倒」と感じる人もいるだろうが、とりあえず、5～10年後は売り時でない場合も考慮しつつ、そうした**「10年住み替えプラン」**にだけは乗ってほしい。

これまでは、最大の家族数を想定して家を買ってしまう人が多かった。

いまのようなマンション1億円時代なら、それは危険行為。子育て期（家族の多い時期）の10〜20年は、できれば賃貸住宅の生活でクリアしよう。

「住宅取得→売却→賃貸居住→住宅取得」という賃貸を挟んだ住宅取得戦略を「サンドイッチ売買」と名づけた。

最近は、値上がりした所有物件を売って利益確定させ、同じマンション内の賃貸物件に引っ越す戦略もある。

家賃は、分譲価格ほど値上がり率は高くない。

家族が増える、あるいは減るときに、相場に動きがない場合、とりあえず自宅を引き払って賃貸に出し、家族数に合わせた賃貸住宅に住む方策もある。

自宅の近くでそれをすれば、賃貸に出した物件に戻るハードルも低い。分譲時代に育んだ地域との絆も維持できる。

最新事情 6

外国人参加の美人投票で圧勝するタワマン

投資対象の商品として、タワマンがもてはやされている。

そして株と同じように、**短期に売却が可能な厚い市場に集まる傾向**がある。

「住んだら健康に悪い」とか「管理コストが高い」と文句を言う層は、ほとんどタワマンは買わないと見られており、業界関係者は気にしていない。

「相場を見てください。いま買えばお得です」という誘いに乗れない人は、「そもそも買う能力がない」と思われかねないほどのバブルな状況だ。

海外の投資家と24時間絶え間なく物件情報をネットでやりとりする仲介業者もおり、日本人客が「では、また明日考えます」などと悠長に対応していると、根こそぎ外国人に好物件を一夜でさらわれてしまいかねない。

なぜ、市場を外国人に開放し、外国人が相場をリードするのか。

それは、日本株の過去を考えてみればいい。

「過去35年間に外国人は日本株を１００兆円買い越したうえで、１５０兆円の利益。日本人の資産は70兆円しか増えていない」と著名アナリストが解説するように、**不動産でも利益が外国に移転している**。ちなみに１９９０年に株バブルを崩壊させた要因も、先物取引などを駆使した外資の「手柄」だった。

また勤労層も、参加する資産市場には、株などの金融商品と、実物資産の不動産市場に大別できる。

不動産市場は、個人が主に買う住宅（レジデンス）と、企業などが買い、賃貸するオフィス棟などのプロ向けの市場がある。

プロ向けの市場に対しては2023年の後半から外国人による投資が減る一方で、マンションなどの住宅市場は外国人の投資が幅を利かせている。

外国人がさらに買う前に買い、そして**彼らが売る前に売る**ことを目指そう。

最新事情

7

大きく膨らんだ新しい不動産バブルは、今後調整が起きるのか

本章の冒頭でも述べたように、現在の東京のマンション市況は、ほぼ40年ぶりのバブル再来のような状況だ。

「東京での拠点・設備投資」など、他用途の融資も最終的に東京などの不動産に流れ着くが、じつはもっと多い。

かなりの融資が、最終的には不動産がらみの売買に流れているはずだ。

たとえば、事業会社の多くも、人口減少のなか、国内生産は抑え、自ら遊休地を使った再開発などに乗り出しているからだ。**企業に回ったマネーも、政府が目指す本来の健全な経済成長から外れた不動産活用での使われ方をしてきた。**

銀行は不動産・土地を最良の担保とする。

今回の不動産バブルは銀行融資の担保そのものの土地の価値も上げ、金融機関からの融

資量を増やす効果もあるが、これ自体、じつはバブル的なお金の回し方なのだ。

日銀は世界で最も長く金融緩和をやってしまい、利上げや量的緩和の縮小は最も遅れている。

低金利政策が10年以上続いたことで経済の新陳代謝が鈍り、結果的に潜在成長率は0・3％程度までに縮小した。

なぜなら、人口減少で国内の経済活動は縮小の方向で、少子高齢化は個人（家計）も企業も投資しない方向性を強めているからだ。

一方、政府の累積債務は１２００兆円を大きく突破してしまった。

住宅の売り時、買い時の正確な判断のためには、じつは日本銀行のバランスシートの中身のほか損益計算書と財務諸表を知っておいたほうがいい。

日銀のバランスシートから現在進行中の不動産バブルも実感として感じ取れる。

日銀券の価値は、日銀の資産の質が担保しているが、その資産といえば政府がバンバン発行した、返すことができないような大量の国債だ。

円の通貨価値に不安を寄せる投資家は海外にマネーを投資するが、国内分は、国債中心の債券や低利の預貯金は避け、株や不動産への投資にシフトさせているのだ。

このような投資スタンスに変えておけば、財政と日銀の持続性への不安から、近い未来にやってくるに違いない国債バブルの崩壊の前兆として起きる不動産の急な値上がりにも対処できる。

預貯金などより不動産や株に資産を移す動きとともに、インフレがさらに加速する局面が必ずくるからだ。

それは「日本の財政はもたない」という破綻懸念からくる。背景には絶望的な少子高齢化、人口減少の現実があり、人口動態は50年、100年かけないと変えられないのだ。

日本経済の縮図である日銀のバランスシートを見ながら、不動産の売買を判断するということは、これまで素人には思いもよらないことだった。

しかし、**これからは金利動向に加えて、マクロの資金量と膨らみすぎた日銀のバランスシートがインフレと不動産に影響を与え続ける。**

それがどういう形になるかに注目しながら、不動産を売買する必要がある。

最新事情
8

住宅ローンを返済してくれるインフレ

まずは**「住宅ローンはインフレにうまく返させればいい」という発想**を頭に叩き込もう。

借金の元本を減らすことはできないが、**インフレによって債務の重み、つまり借金の実**

質価値は自動的に減る。

ただし、日本の財政状況を考えれば、インフレ進行とゼロ金利・マイナス金利は、両立させられない。

インフレとは物価上昇であり、円という通貨の価値を弱くすることでもある。

その防衛策に利上げがあるが、それを徹底すると日銀の財務内容がさらに悪化する。政府にとっては巨額債務の利払いが増え、元本返済もますます困難になる。

さて、インフレ時代に強いのは、一般にお金を貸した金融機関などの債権者ではなく、ローンを借りた債務者のほうだ。

それは、債務につく利子を固定しておいた場合に、最も威力を発揮する。

30年以上の長期返済では、現在は0・2％程度で調達できる変動金利ローンが最もお得だが、状況によっては固定金利に借り換えたほうがよい場合がくるかもしれない。

デフレの時代は終わり、気がつくとマンションの価格が2倍程度になっていた。

これは長期で過度の金融緩和の帰結ばかりではない。

日銀は財政赤字のツケである国債を買い占め、超低金利で国の利払い負担を圧縮した。不動産にカネが流れ、マンション相場が上がる。一方で住宅ローン金利の水準も超低金利政策で圧縮されたからだ。

しかし、その結果、日銀の資産の中身は国債まみれとなった。

日本銀行券という通貨の信用の裏づけは、日銀の資産による。政府の債務膨張を日銀が肩代わりして抑えつけている状況は、通貨の価値を動揺させる。

「近い将来、政府債務の膨張は日銀でも抑え切れない」とわかれば、財政懸念に基づく悪性インフレの到来は不可避になる。

そうすると、**マネーはますます不動産や株、金（ゴールド）にシフト**する。

最新事情 9 「バブルのリレー（マネーの世渡り）」競争の決着の行方

２０２４年2月には、日経平均株価が34年ぶりに高値を更新し、いよいよ4万円定着を目指すというバブルのような様相を呈している。

１９８０年代後半のバブルは、株と不動産がともに値上がりした。現在も株式と一部不動産はバブル的な値上がりをし、**東京のマンション相場はバブル期の最高値を上回ってしまった。**

いずれにせよ、今回のバブル的状況は日銀の大量の国債取得とセットとなっている。

１９９９年以来、四半世紀も大規模な金融緩和措置が繰り返し実行されてきた。そこに至ったのは、バブル経済の崩壊で不良債権が増え、デフレと景気低迷が進んだため、政府が財政出動したからだ。
株と土地のバブルの崩壊で、国債（政府債務）のバブルを生み、次に不動産のバブルのもととなってしまった。30年以上前からのバブルのリレーが続いているのだ。

現在、都心の不動産が突出して高くなっても、「新しい芽」が出ている「次の不動産バブル時代」を視野に入れた投資（資金は固定金利で調達）を考える。

10〜15年で賃貸への一時避難を含めて投資対象を見直せば、**必ずしも東京都心の優良不動産は高すぎるものではない。**

消費者が、そこまで見越して不動産を買えるかどうかが焦点になる。

前回のバブルは株（90年）、不動産（92年）の順で崩壊した。
今回の「国債（債券）」「不動産」「株式」の3つのバブル間の「バブルのリレー（マネーの世渡り）」が、マンションなどの相場を左右する。

あふれるマネーは、3市場の間を巧妙に渡り歩くものだ。
また、**今回の「国債」「不動産」「株式」のトリプルバブルには、海外からのマネーがかなり入っている。**
日本の投資市場がバブル崩壊以降、過去30年もの長期にわたって成長せず、日本というマーケットの世界シェアが小さくなった。

それゆえ、**ちょっとしたオイルマネーなどが流れ込む動きで株価が大きく上がる状況**になった。

日本の3つのバブルを渡り歩く外資マネーの存在感は、不気味な大きさに膨らんでいる。

最新事情
10

郊外と地方は基本的に「売り」。しかし世田谷と横浜は買ってはいけない

少子化や人口減少は進み放題で、東京圏も人口の減少が始まる。

仕事を東京に求める若者が多い郊外や地方でバス便のエリアではもう、新築マンションはほとんど建たなくなるだろう。

郊外や地方の人口減少を受けて、駅前の買い物需要を奪って発展してきた**郊外のロードサイドの店舗も都心回帰を始め、都心方向に立地を移している。**

ロードサイドの大型店の閉店や撤退が増えているが、マンションなどに土地を再利用できそうな物件はほとんどない。

そうなると、郊外のロードサイド店の周りにできた住宅やマンションの価値も落ちて、若い層もますます出て行くために住人の高齢化に拍車がかかる。

平均単価(千円/㎡)				平均面積(㎡)			
2021年 1～12月	2022年 1～12月	2023年 1～12月	増減率	2021年 1～12月	2022年 1～12月	2023年 1～12月	増減率
1,282	**1,288**	**1,727**	**34.1%**	**64.70**	**63.96**	**66.51**	**4.0%**
1,510	1,442	2,086	44.7%	67.76	66.20	69.23	4.6%
981	1,107	1,170	5.7%	61.07	61.53	62.70	1.9%
741	**796**	**815**	**2.4%**	**68.30**	**65.77**	**66.60**	**1.3%**
780	**816**	**932**	**14.2%**	**67.53**	**66.34**	**65.11**	**▲1.9%**
850	859	957	11.4%	66.30	65.81	64.48	▲2.0%
822	952	995	4.5%	62.38	63.99	66.35	3.7%
694	675	866	28.3%	71.02	68.62	65.13	▲5.1%
707	**777**	**767**	**▲1.3%**	**67.96**	**67.77**	**63.49**	**▲6.3%**
730	925	909	▲1.7%	70.29	68.08	58.49	▲14.1%
693	711	694	▲2.4%	66.70	67.64	66.41	▲1.8%
616	**662**	**702**	**6.0%**	**70.04**	**69.52**	**68.20**	**▲1.9%**
598	668	671	0.4%	66.63	71.34	67.32	▲5.6%
621	655	724	10.5%	71.16	67.53	68.87	2.0%
936	**951**	**1,226**	**28.9%**	**66.86**	**66.12**	**66.10**	**0.0%**

高齢者の車の運転による買い物が困難になり、ロードサイドの住宅街はさらに買い手がつかないまま暴落し、新たな空き家地帯になってしまう。

これは、最悪のケースを想定した場合、**中途半端な立地の横浜市や世田谷区の未来**でもある。

バス便が一日1往復に減った住宅街もあるが、バス会社の9割は赤字なので会社ごと消える可能性すらある。タクシーも同じだ。郊外は駅徒歩圏の選択は必須だ。

だから、**不動産業界も郊外での新規供給は抑える。私鉄沿線では駅前のタワマン建設を競い合っている。**

図表3　東京圏の新築分譲マンションにおける地域別の平均価格、平均単価、平均面積

地域名	平均価格（万円）			
	2021年 1〜12月	2022年 1〜12月	2023年 1〜12月	増減率
都内23区	**8,293**	**8,236**	**11,483**	**39.4%**
山手エリア	10,231	9,546	14,445	51.3%
下町エリア	5.989	6,810	7,338	7.8%
都下	**5,061**	**5,233**	**5,427**	**3.7%**
神奈川県	**5,270**	**5,411**	**6,069**	**12.2%**
横浜市	5,633	5,655	6,171	9.1%
川崎市	5,130	6,089	6,601	8.4%
その他	4,931	4,629	5,638	21.8%
埼玉県	**4,801**	**5,267**	**4,870**	**▲7.5%**
さいたま市	5,128	6,299	5,318	▲15.6%
その他	4,625	4,809	4,609	▲4.2%
千葉県	**4,314**	**4,603**	**4,786**	**4.0%**
千葉市	3,981	4,766	4,518	▲5.2%
その他	4,422	4,426	4,989	12.7%
首都圏全体	**6,260**	**6,288**	**8,101**	**28.8%**

出所：長谷工総合研究所

世田谷区は23区の南西端で現在も23区最大の人口を擁するが、ベッドタウンとしての本質的な役割は経済と人口が増えたバブル期に終焉している。区市町村としては全国最多の空き家を抱えるのがその証拠といえる。

マイホームを買う場所として、なぜ**「世田谷区はダメでなぜ大田区はOK」「横浜が売りでなぜ川崎は買い」**なのか。

「ヨコハマ崩壊、世田谷心配」を知らない人々に、本書は第2章に答えを用意した。

第1章

東京のマンションはなぜ平均1億円まで上がったのか

▼「マンション1億円時代」をどう読むか

東京の23区の新築マンションの平均価格は、通年（2023年）で1億円を大きく突破し、郊外や全国の状況とは別世界になっている。

湾岸エリアだけでなく、北部の板橋区や北区、足立区、葛飾区、江戸川区などでも次々と億ションが登場している。

とくにこの2～3年は、新築マンションと中古マンションの相場が急騰した。ただし、いくら中心部や湾岸エリアで外国人が買ったとしても、1億円突破という世界は、いったんは必ず調整されるはずだ。

まず、値段が下がるのは23区の周辺部や北部からだ。

なぜそうなるのかといえば、麻布や六本木を中心とした港区エリアは全国で最初に上がって、下がるとしても全国最後というのが通例だからだ。23区以外の郊外も、23区に先駆けて調整局面では下がっていく。次もこれまでどおりの展開だ。

マンションを持っている人は、かつてない絶好の売り局面にあるが、湾岸と都心以外の物件は早く売ったほうがいい。

購入する場合でも、高い値段で買うなら、郊外や23区北部、23区周辺部よりも、都心でコンパクトなマンションを買ったほうがいい。

首都圏新築マンション価格を分析してみると……
東京圏なら23区の半額以下

2023年の東京都区部の新築マンション平均価格は1億1483万円となり、はじめて1億円の大台を超えた（不動産経済研究所調べ）。

1991年の最高値8667万円を大幅に上回った。

1㎡単価も34・1%上昇して172・7万円。地価や工事費が上昇するなか、外国人富裕層の旺盛な需要が背景にある。

港区の文化財級の歴史的建造物の旧逓信省簡易保険局庁舎を壊して建てた**「三田ガーデンヒルズ」**（1002戸、最低価格一戸2億3千万円台）の一戸45億円を筆頭に、都心部で超高額物件の供給が増えた。

一方、**東京圏（東京都、神奈川県、埼玉県、千葉県）では23区を除くと平均価格は4・7%増の5411万円にとどまり、億ション時代を迎えた23区の半額以下**だ。

発売戸数はどうか。

首都圏全体での発売戸数は22年比で9・1%減の2万6886戸と2年連続で3万戸を

割り込んだ。

しかし、パワーカップルに人気の東京23区は10・3％増の1万1909戸、港区は前年の3倍増近い1462戸だ。

契約率で7割を超えたのは23区、多摩地区、川崎市などだ。横浜市は発売戸数が低調で、4年ぶりの2000戸台にとどまった。

そうしたなか、**億ションは前年比1683戸増の4174戸に増えた**。

富裕層向けの1億円以上の高額物件が23区の発売戸数の3割超を占めた。

23年に売れた戸数は、首都圏全体では低調で、9・1％減の2万6886戸だった。都心6区が10・1％増なのに対し、品川区や世田谷区といった城南・城西6区は1・6％の微増、練馬区や江戸川区といった城北・城東11区は0・5％の減少だった。

23区以外の東京圏でマンションの大型化も進み、総戸数200戸以上の物件は4割に達した。

発売戸数は2万6886戸と1992年以来の最低の水準に落ち込み、**売り手市場がさらに鮮明**になった。2007年には6万1021戸もあったのだ。

23区のこの5年間の新築マンション価格の値上がり幅は6割を超えた。

首都圏での「億ション」販売戸数は4174戸で前年比1683戸増、67・6％も増加している。

駅徒歩15分以上の物件に価値はない

駅徒歩5分以内の物件（超高層除く）は、前年より5％以上増えて全体の登記数の39％を占めた。

これは、**徒歩15分以上の物件は、もはやお呼びでない**のだ。**東京圏でのマンションの新築物件の供給が往時（2000年は9万5625戸）の3分の1に絞られているうえ、外国人が市場にどっと参入してきた**ためだ。

また、外国人は戸建てを買わないが、**日本人でさえも投資効果も考えて需要がマンションにシフトしてきた**のだ。

建築コストの上昇により、マンション各社は郊外で手ごろな価格の物件を出しにくい。

このため各社は、**価格が高く利幅が大きい超高級物件の建設を優先**する。

外国人や地方の富裕層にも物件が蒸発するようによく売れる。

野村不動産も1戸価格が数十億円になる超高級物件を取り扱い、そこが絶好調だ。

都心の高級物件は投資家向けの商品

また、東京カンテイの調べでは2023年12月の中古マンション平均希望売り出し価格は、東京都心6区（千代田、中央、港、新宿、文京、渋谷）が70㎡当たり1億995万円だった。

前月比0・9％高で、2002年の集計開始後の最高値を11カ月連続で更新した。

物価上昇のなか、24年からは建設従事者の残業規制が厳しくなるので人件費高騰と技術者や職人不足に拍車がかかり、建設費がさらに上がりそうだ。

東京都心は2002年を底値として、**ファミリー用マンションは20年以上ほぼ一貫して値上がりしている。**

これは、安倍政権以来、世界一大規模で長期にわたる超金融緩和、つまりマイナス金利政策で、市場にあふれたお金が不動産に大量に流れ込んでいることが背景にある。

相場を牽引するのは、**外貨換算価格の「安いニッポン」**であり、**円安でさらに日本の不動産を安く買える外国人や外資の投資家**だ。発売数がまだまだ少ない高級物件ほど値上がり益が見込めることに目をつけた。

つまり、**都心や湾岸のマンションは、すでに投資家向けの金融商品になっている。**

日銀のマイナス&ゼロ金利が長期にわたった結果、国内銀行の不動産業向け融資は23年9月末にはじめて100兆円を突破した。

総貸出額に占める不動産融資の比率も、バブル期から5%高い17%になった。

資産市場以外にあふれるマネーを吸い込んでくれる先は、日本にはもうないのだ。

タワマンの売り渋りで新築価格は右肩上がり

訪日客ブームにも注目だ。都心のマンション候補地はホテル事業者との取り合いとなって、取得価格がせり上がった。

ただ、都心のマンション建設適地の不足や建築費高騰を受けて、**1億円以下の物件の供給は細ったままだ。**首都圏のマンション供給量は、2022年も23年も2年連続で3万戸割れだ。往時の半分以下、ピークの3分の1にすぎない。そのうち、**ひと昔前の7000万円台クラスの物件は、立地によっては1億円以上の物件に「昇格」してしまった。**

湾岸でタワマンが林立し始めたのはわずか十数年前の話だが、その数の多さから市場に厚みができた。築十数年の築浅物件人気が集中し、そうした物件ではいつでも売却できて、外国人にとっては為替水準を見ながら利益確定できるからだ。

とくに湾岸では一方的な売り手市場になっている。高値で出してもすぐ売れるからだ。**タワマンを新築で発売できるのは、ブランドと知名度のある一握りのデベロッパーにすぎない。**

売れに売れるため、これまでは考えられないほど発売期間を細かく区分けしたり、発売期間を長期間に延ばしたりして、値上がり局面で最大限の利益を確保しようとしている。

江東区の有明や東雲のように、マンションの未利用地に近かったところは、

①駅徒歩15分圏内で再開発をしやすい
②大型物件は宣伝力のある大手デベロッパーが独占する
③そのため、値段が上がる高級な大型ランドマークが地域の値段の指標になる
④外観でインパクトのある施設をつくりやすく、大規模な公園の近くに立地できる

といったメリットがある。

財閥系不動産でも、1期目に一番安い値段設定をする場合がある。そして「早い者勝ち」と思う富裕層を市場に引き入れる。

湾岸相場は右肩上がりなので、超低金利時代が終わらない限り、大手デベロッパーは資金回収を急がず、事業費の借入金の0%に近い利払いなど考えず、値上げしながら売って

いくのだ。

海外勢の買い方を学び「マイホームは一生もの」の思い込みを捨てよう！

日米の金利差などを背景とした円安で、湾岸では過去1年間で、中国人をはじめとする外国人の投資がぐっと増えた。

これが1年で3000万円近い値上がりにつながり、23区の新築マンションの値上がりに貢献した。

中国では不動産不況で、マンションは売れず値下がりが続く。

出口が見えないため、中国の富裕層は日本など海外の物件に資産を入れ替えようとしている。

中国政府の規制で海外での都市投資はしにくいが、できないことはない。**豊洲や有明、勝どき、月島などでは、外国人の保有比率が2割を超えるマンションも少なくない。**

それを敬遠する日本人もいるが、相場形成に影響を与える外国人に買ってもらえないマンションは、これから「負け組物件」に転落するという見方もできる。

とくに新築の発売が多い東京湾岸エリアの中古市場の厚さは日本一なので、**新規参入の外国人もそこを狙って、コロナ終結後に大量に参入してきている。**

仲介業者も自ら買い取りに走り回っている。

豊洲や勝どきでは、一日に何枚も「高値で買い取らせていただきます」のチラシがポストに入ることが珍しくなくなった。

いつどんな事情で売買が必要になるかわからない外国人は、物件の「換金性」や羽田空港や都心への近さにも気を配る。**中古なら「高値買い」で日本人客には買い負けない**のが彼らの特徴だ。

日本人は、新築の購入においては抽選頼みで、中古もよく調べ、1年以上前の記録にすぎない「相場」を重視しすぎる。

このため、購入の意思決定が緩慢で連戦連敗となることが多く、何度も来店しても中国人に先を越されるのは当然だ。

都心の人気6区や湾岸エリアでは、早く買わないと外国人に多くを持っていかれてしまう。

中古相場が急上昇しているのは、江東区と港区のタワマンも同じだ。

「眺望が優れる」「外国人や富裕層が投資する」「市場に流動性がある」といったメリットが、タワマン相場を強気にさせている。

そうしたなかで、湾岸エリアなどの一部とはいえ、中古のマンションを高く買ってくれる外国人が担う役割は何か。

値を上げるだけか。取引量を増やして市場を厚くするだけなのか。

いや、さらに期待すれば、**新築購入一辺倒だった日本の住宅市場の欠点を大胆に変革する勢力**になってくれるかもしれない。

株式は取引の半分ぐらいが外国勢だ。不動産も東京に限れば、外資や外資ファンドの存在感が高まっている。

ここで注意したいのは、ファンドなど海外系の法人が重点投資するのはオフィスビルなど非住宅物件が中心で、住宅投資の場合も、規模を追える賃貸マンションが中心ということだ。

海外勢の不動産投資が「為替の波」と連動して不動産市場を揺るがす

海外からの日本への投資は、株式（企業買収含む）と債券（社債・国債など）、不動産といった市場がある。

不動産の場合は、オフィス（賃貸ビル）など住宅以外のほうが相場のアップ・ダウンが大きいうえに、外国人の取引には為替相場が大きく影響する。

つまり、円安のときにドルなど外貨ベースで安く買い、円高のときに売るのだ。

これは為替取引と同じシンプルな原則で、海外から持ち込む1ドルが150円で、それが不動産投資で300円に増え、そのとき1ドル100円ならば、出口でドルに戻す際には3ドルになる。

これで2ドル、200％のもうけになる（税金を含めた諸費用を除く）。

海外のお金は不動産と株式の間でも行ったり来たりしている。だが、2024年に入り、外国勢の日本株買いは急ピッチになり、日経平均株価は急上昇した。

国際的不動産情報サービスのCBREによると、海外の投資ファンドや企業が行った23年の日本におけるオフィス等への不動産投資額は前年比3割も減った1兆円となり、売却額も前年1兆3700億円を下回る数年ぶりの低水準となった。

売買額は前年の2倍となったため、売り越し額は3700億円となり、2018年の約5000億円以来の多さだ。

これは、**日銀の利上げを念頭に置いた政策修正によって金利が上昇すれば、不動産の相場や収益が落ちる懸念の結果**だ。

金利に大きく左右される事業用不動産動向の変調を読んでの投資を抑えた結果ともいえる。

新築が発売されるエリアで中古を狙え

値上がりするのは、人件費や資材など建築費の高騰をダイレクトに反映し、価格が右肩上がりの新築供給エリアだ。

序章で解説したように、新築購入を諦めた人や抽選で漏れた人々は、そのエリアの中古市場に向かい、中古も高騰する。

また、10年前までは、資金回収を急ぎ、値下がりを恐れていたため、完成までの青田売りで完売させることが業界で好まれたが、このところまったく違う風向きとなった。

24年に入って、湾岸での注目物件は**「ザ・豊海タワー マリン&スカイ」**だ。

この物件は、隅田川を挟んで旧築地市場の反対側となる。築地市場移転に反対していた市場の仲卸の方々の分譲住宅などが取り壊されてタワマンに化けるものだ。

勝どき、豊海、晴海、月島あたりでは、晴海フラッグのタワマンである**「スカイデュオ」**が坪500万円程度で、**「グランドシティタワー月島」**にいたっては坪700万円程度もするようだ。

このエリアは中古も坪500万円以上の相場となるのか。

人気物件は、眺望のいいタワマンと値上がりが見込める最高級物件にシフトしている。そのほうが売却した場合の値上がり額が大きく、リターンも大きいからだ。

タワマンの階層による値段の違いと、税務当局の相続評価の画一性を使ったタワーマンション節税がしにくくなっているが、完全に封じられているわけではない。

資産家に厳しい政策を貫けないのが、この国だ。

値上がりしているのに、なぜ外国人が買うのか？

2023年秋以降は外国人がマンションを買いすぎるため、**外国人好みの湾岸エリアではおしゃれな構造のマンションが売れる**という説が出ている。

中国はマンションバブル崩壊の真っただ中だが、デザインや外観は個性を主張する豪華な物件が多く、中国人に聞いたところ**「日本のマンションは地味で控えめな佇まいに見えてしまう」**という。

「地味で控えめ」は、彼らには安っぽく感じられてしまうらしいのだ。

また、外国人に強い不動産業者に尋ねると、**中国人は方角や風水も気にする**ので、「海や運河や川もまさに運気が上がる住まいです」とうまく説明できる高級物件が好まれ、実際に湾岸にはそうした物件が多数あるというのだ。**外国人のほうが眺望を重視する客が多く、海沿いの夜景の見える上層階を狙っている。**

海外の不動産投資家が日本の新築物件に加えて、中古マンションを好む理由は複数ある。そのひとつが割安な点だ。

もともと**北京や上海、香港やシンガポールといった東アジアの主要都市と比較しても東京のマンションは魅力的**だ。

売買市場が厚いため、いつでも売り買いができる点も外国人を引きつけている。

「眺望が優れる」「外国人や富裕層が投資する」「市場に流動性がある」といった特徴が、タワマンの相場を強気にさせている。

世界でGDPと物価、それに地価や住宅価格が上がるなか、日本は30年間、名目GDPや物価は低迷している。

このため、円安が大きく進んだこともあり、**日本の不動産が値上がりしてもドルや外貨ベースに換算してみると、安く見える。**

物価統計は上り調子の株価や不動産価格（ただし、家賃は含まれる）を含まない。だから上がらないのは当たり前だ。あまった金は資産に向かう。

日経平均株価は事実上の筆頭株主である日銀が買い支えているので安心感がある。株式の値上がりの効果は「資産効果」（お金持ちになった感覚をもたらし、担保力アップで積極投資の動機になる）といわれ、富裕層や外国人の不動産投資を促進する。

なにせ、16年から24年3月までずっと短期の政策金利はマイナス0・1％に据え置かれたままだ。

日本以外の欧米諸国は2年以上前からいっせいに値上げに動いたが、日本は反対のことをしている。このことが円安を生み、豊富な余剰資金の向かう先として湾岸マンション投資を招いている。

後述するが、バブル崩壊以降の円高局面で、日本は土地や雇用を工場の海外移転等を通じて「輸出」してしまった。

輸出拠点の現地化が求められた結果、国内産業の空洞化を招いた。外国人が現物不動産のほか株取得やJリート（不動産投資信託）への投資を通じて「日本買い」で利益の出せる局面になっている。

水源地などは安全保障面から外国資本の土地取引は規制強化すべきだが、**マンション投資の規制が打ち出される可能性は極めて低い**。

政府も日銀も、景気をもたせるために株価対策や内需拡大も担う不動産市場には介入しないだろう。

第2章

買ってはいけないエリア、狙い目エリアを見極める

タワマンブームの陰で、不動産の二極化が進んでいる

人口と経済の縮小にともなう郊外の衰退ぶりについて、筆者は埼玉などを舞台に「郊外病の研究」を20年ほど前に手がけた。

その成果は、10年以上前に書いた**『不動産絶望未来』**（東洋経済新報社）に盛り込んだ。当時のキャッチフレーズのひとつは、**「埼玉心配、千葉大変」**であった。

そのうえで通勤時間や通勤距離で割り引いて真の物件の価値を示す「時間地価論」を展開し、都心や湾岸のマンションが高騰し、それ以外が安くなるという法則を提唱した。

十数年後、現実はそのとおりになった。

現在は職住近接が不可避だ。

団塊の世代など、郊外に居を求めた最後の豊かな層も徐々に年老いて、相続税対策を理由に、人々は都心・湾岸のタワマンを求めるようになった。

結果、第1章でも述べたように、湾岸エリアにタワマンがどんどん増えている。不動産価格の上昇は地方都市でも進み、札幌などでもタワマンブームが生まれている。

その結果、不動産の二極化が進み、**「買ってはいけないエリア」「狙い目エリア」の差が顕著になっている。**

役割を終え、空き家だらけとなった世田谷区

現在では**「世田谷心配、横浜大変」**という状況である。

これは事情通には10年以上前からわかっていたことだが、まだまだ割高の世田谷区や横浜市の住宅を求める人も少なくなく、これからも多くの悲鳴が聞こえるはずだ。

都心や湾岸にタワマンがない時代に、「最もよい選択」として世田谷や横浜を選んだのだ。だが、人気住宅地は地殻変動し、不動産業界の息のかかった「住みたい街ランキング」が虚構色を帯びてしまった。

23区で最多の世田谷区（94万人）の人口は、隣県の山梨県（79万人）より15万人近く多い。山梨といえば空き家率が全国トップクラスだが、**自治体のなかで最も空き家が多いのが世田谷区**である。

しかも、世田谷区は23区の南西の端に位置する。

地価などが高いまま、膨張する人口を抱えていたバブル時代までのあだ花の地だ。

その衛星都市（ベッドタウン）としての機能は、じつは40年前にはピークアウトしたばかりか、役割はほぼ終わっていたわけである。

それなのに、圧倒的な人口を誇る団塊の世代があこがれた世田谷の地は、十分に価格が下方修正できないいまま、いまを迎えた。

空き家の数が多いのは、じつは大都市だ。

だから**空き家問題は、半分は都市問題**といえる。

総務省の2018年の住宅・土地統計調査によると、下記のように続く。

第1位　東京都世田谷区（49070戸）
第2位　東京都大田区（48080戸）
第3位　鹿児島市（47100戸）
第4位　東大阪市（44180戸）
第5位　宇都宮市（44050戸）

「横浜は売りで、川崎が買い」はすでに常識

同様に、コロナ後の東京都心再集中の時代では、**「横浜って素敵」という素人判断も大間**

違いである。

「おしゃれ」「港」「都会的」などのイメージで横浜を選んでしまう間違いは、10年かけても訂正があまり進んでいない。

住宅購入期の30〜40代が、真似をしてはいけない親世代の住宅観をなかなか修正できず、損失を出し続けていることも意味している。

横浜市の人口規模は、静岡県、四国4県、モンゴルと比べても、3者のそれぞれの人口より多い370万人超を誇るが、**2年連続で人口が減り、2024年も人口減は食い止められない**だろう。

横浜市は、みなとみらい（MM）を有する西区と中区の一部にだけ集中的に開発資金が投下され、立派な街のように見えるが、多くの地域は空き家を抱える住宅エリアだ。

横浜市は日本最大の自治体である点、つまり**図体が大きすぎることから機能不全となっている。**

市議会はほぼオール与党で、市の遅れた開発政策を修正できないでいる。

みなとみらいや関内の開発コストが高いうえ、オフィスビルや賃貸住宅の賃料水準も東京並みに高く、諸税の減免をしてみても、横浜に進出検討する企業は多くはない。

東京から進出してくる企業の開発負担を減らすためか、昔の中心地である関内の趣ある市庁舎は数千万円で叩き売られた。

こうした企業誘致における初期段階の出血大サービスは、横浜市が得意とするデベロッパーへの「必殺技」だ。

その周辺に東京資本（財閥系の不動産最大手3社）が超高層ビルを建て、地元資本の関内らしい年季の入ったビル群のオーナーは本当に迷惑している。

ハザードマップでも、液状化などのリスクを抱える関内の一部は危険エリアを示し、外資系企業の投資対象になりにくい。

至れり尽くせりの関内駅前再開発で、関内全体で起きているオフィス建物の二極化はさらに進みそうだ。

さらには山下ふ頭で大規模な再開発を行い、大自然が残る瀬谷（米軍返還地）で道路工事、区画整理や伐採などの土木工事を大規模に行い、花の万博を行い、その後はテーマパークにする。

万博とテーマパークの事業採算も不透明だ。横浜に観光に来て泊まる訪日客は少なく、素通りして箱根や富士方面に行く。

横浜は「訪日客通過都市」なのだ。

横浜市は市民一人当たりの債務残で見ても全国有数の財政難都市なのに、このような再開発事業が目白押しだ。

しかし、そうしたツケで**子どもの医療費補助や、高校の授業料減免は、東京都と比べて大幅に後れをとってきた。**

そのうえ、**横浜市は台地や丘陵地など、「崖の上の住宅」に近いところも大量にある。**移住先に選ばれない街の横浜が若い層（車は持ちたがらない）を呼び込みたいなら、市バス便も生命線だ。

横浜の郊外ではバス便が大きく減った住宅街もあり、バス会社の9割は赤字なので会社ごと消える可能性もある。タクシーも同じ状況だ。

坂や崖が多い横浜の郊外は駅徒歩圏が必須だが、まだ住宅価格が調整できず、買い控えられる。そして24年も3年連続の人口減となるだろう。

このため、三浦市、横須賀市に続いて、横浜市南部の人口減少は著しい。横浜の人口は北東に向かってシフトしている。

つまり、**東京方面に回帰し、川崎市に向かっている**のだ。

プライドの高い横浜市民は、川崎と比べられること自体嫌がるが、**川崎の工業都市のイメージはすでに薄れ、住宅都市に変貌**している。

もちろん、横浜の中区には山手や中華街など観光地もあるが、ただそれだけである。

図表4　東京圏の新築分譲マンションにおけるエリア別の供給戸数とシェアの推移と2024年の予測

地域名	2021年		2022年		2023年			2024年予測		
	戸数	構成比	戸数	構成比	戸数	構成比	対前年比	戸数	構成比	対前年比
都内23区	13,290	39.5%	10,797	36.5%	11,909	44.3%	10.3%	13,100	42.3%	10.0%
都下	2,921	8.7%	2,360	8.0%	2,282	8.5%	▲3.3%	2,900	9.4%	27.1%
神奈川県	8,609	25.6%	7,403	25.0%	5,962	22.2%	▲19.5%	7,500	24.2%	25.8%
埼玉県	4,451	13.2%	4,716	15.9%	3,030	11.3%	▲35.8%	3,400	11.0%	12.2%
千葉県	4,365	13.0%	4,293	14.5%	3,703	13.8%	▲13.7%	4,100	13.2%	10.7%
首都圏計	33,636	100.0%	29,569	100.0%	26,886	100.0%	▲9.1%	31,000	100.0%	15.3%

出所：長谷工総合研究所

「横浜は売りで、川崎が買い」
「東京を選ぶなら世田谷は外す」

というのは、個人的にはもう一般常識の範疇だと思う。

読者は、「ダメな横浜に隣接する川崎（人口154万人）がなぜよいのか」といぶかるかもしれない。

東京からの移住先としてほとんどメリットはないのが、横浜の実情なのだ。

東京の下町エリアより家賃の高い横浜は、本当は企業にも勤労者にも人気はないが、最近は人気《ひとけ》も少ない。

横浜市は、「住みたい・住み続けたいまち」「選ばれるまち」としての都市ブランド確立に向けたプロモーションを展開。吉本興業と制作したYouTube動画で、「横浜の魅力を満喫します」

（政策局広報戦略）と言うのだが。

月島の狙い目は「もんじゃ焼きタワー」

ここで、**湾岸エリアの月島の状況**を見てみよう。

月島のもんじゃ焼き商店街は、アーケードの下にあるが、アーケードの裏手に回るとタワマンだらけで、お好み焼きのお店までタワマンに入っていることがわかる。

もんじゃ焼き店のアーケード街を見上げて、「月島は古い街で風情がありますね」なんて言っていると、頭隠して尻隠さずの世界だ。

「もんじゃ焼き店が入るタワマン」はこれから人気が出るかもしれない。風情があるのかないのか、謎の立地なこともむしろプラスだ。

月島においては、住友不動産、東京建物、大和ハウス工業などが分譲する**「グランドシティタワー月島」**という建設中の超大型物件が注目されている。

58階建て、総戸数1285戸ともなる巨大タワマンだ。

その対抗馬は、三井不動産レジデンシャル、野村不動産、大成建設が2028年に竣工予定の48階建て総戸数744戸のタワマンである。なお、佃も月島エリアだ。

豊洲にまだまだ掘り出し物！中古マンションの「改名」が始まるか

地下鉄有楽町線の延伸が決まった江東区でも「豊洲」を冠したマンションが増殖する動きに拍車がかかりそうだ。

2001年から数年間は、**「豊洲なんて変なところの地名をマンション名につければ売れ行きが悪くなる」**ということで、「東京」などの名を冠した地名のない格安マンションが増殖した。

豊洲駅徒歩5分でも新築で坪単価は150万円、広さは100㎡弱で5000万円弱の物件も豊富だった。我が家も似たようなものだ。

造船関連産業の匂いも残り、海外からの住民もいた。

かつての小学校のPTA通信は日本語、韓国語、中国語、タガログ語で書かれ、「多様性があって英語がないところが最高だ」と購入候補地に決めた。

当時は市場評価も低かったが、現在は外資系企業の関係者の住む街からオフィス街に変貌した。

私が道路の目の前の部屋を選んだのは、道路には新たな建物が建たないと判断したからだ。

豊洲においても「少しでも閑静な場所を」と公営住宅や公園に近いところを選ぶ人もいた。しかし、高層化された公営団地や新しいタワマンの日陰になってしまった建物が続出している町である。

こうした背景があって、20年近く前は、あえて名前に豊洲を冠しない**「豊洲隠し」のマンション**は普通にあった。

駅前の中古物件でも意外に値上がりせず、発売価格の2倍には届いておらず、タワマンでないためか掘り出し物が、じつに多い。

いまの豊洲の新築価格は、豊洲隠しの時代の2～3倍の価格だ。

「豊洲」の名を外したマンションは、資産価値を上げるため、「豊洲」に名を冠した名前に変えれば、もっと中古価格が上がるはずだ。

オフィスビルは、所有者が変われば名前も変わり、管理体制や賃料も変わる。

レジデンス（住宅）でもそうした時代がくるので、筆者自身が自宅マンションの理事を務めた際には、マンション名の改名という提案も軽くしてみた。

名前も「豊洲」を冠した「豊洲駅レジデンス」などとしたほうが、価値が上がるだろう。

リッチな中華系の客をとるには、漢字を入れたほうがいい。

資金繰りが厳しくなるばかりのマンション管理は、「名称の大規模修繕」が今後の課題になる。

「将来の建替え」も視野に入れて物件を見る

このように、**タワマン以外なら、湾岸でも「驚きの格安物件」が意外にも残っている。**

不動産価格は急には修正されないからだ。

20階建てくらいでも、「タワー」を冠したほうが売れ行きにプラスになるかもしれない（これはうわべのタワーブームに乗る前のジョークだが）。

たとえば、豊洲4丁目9の大規模物件は、主力の棟が14階からの中低層の集合体で中庭がかなり広く、一戸当たりの土地面積も広い。豊洲駅から徒歩5分ほどだ。

25階以上でないため、一部の住戸は億ション扱いになったものの、富裕層や外国人の投資対象にはなっていない。だが、将来は青空駐車場や中庭の広い敷地にツインタワーが十分に建ちそうだ。

建替え検討時には、一戸当たりの家族数は新築時の半分以下になっているだろう。よって住民分の建替え住戸の面積はコンパクトでよく、建替え面積の半分以上を外販してそれを建替え資金とすれば、建替え費ゼロも不可能ではない。

おまけにインフレとコロナ禍の前に決めた全戸のペアガラス（断熱）の導入決議も、大規模修繕のあとに導入反対運動が起きて、ペアガラス導入の撤退決議が通った。結果的に、修繕積立金を数億円も節約している。

「脱炭素で環境に優しい」と聞けば、無条件にＥＶ施設の導入も許容される時代だが、マンション管理の財政は悪化するうえ、「環境に優しい」効果も疑わしい。

もうかるのは、納品や工事を請け負う業者筋だ。

「都心回帰」はこれからが本番だ

また、**これからは「職住近接」が当たり前で、オフィス街と住宅街の区別がなくなる地域ほど有望**だ。

「職住分離」は通勤時間という無駄を生む。

交通費は企業に負担してもらえるが、通勤時間に手当はない。この点は在宅勤務に優位性がある。

23区のなかでも、オフィスは都心５区（千代田区、中央区、港区、渋谷区、新宿区）に集まる。住宅も同じで、５区周辺は23区の南部が強い。

また、今後５年間のオフィスの新規供給面積の５割が港区に集中し、**住宅も港区とその**

周辺の湾岸部がますます強くなる時代がやってくる。

職住近接・混合の時代だ。職場が増えれば、マンションも増える。

たとえば、造船所跡地で土地のあまっていた豊洲はオフィスビル数がマンション棟をしのぐような勢いで立ち並び、ビジネス街に変貌した。

そのことで、地元のマンション需要を取り込んでいる。

豊洲駅は、朝の時間帯は下車客（豊洲への通勤者）が乗車客（豊洲からの通勤客）より多いようだ。ただ、都が都営住宅を中高層化し、空いた土地でまた大手不動産と再開発する方向で、豊洲の古い街はどんどん消えてしまう。

駅が近ければ、駐車場は半分に圧縮できる

豊洲には、「全戸分」の駐車場の確保を謳う**「駐車台数が多いマンション」**がまだ残っている。

「土地が安い埋め立て地」であった豊洲のよいところはまだ残っているが、マーケットはそこに気がつかない。

2000年代にマンションの共用部分などの（建築制限の対象の）容積率への不算入が進んだ。その結果、駐車場を立体化でき、広い敷地に低層のガラガラに近い自走式駐車場、

あるいは青空駐車場を有する駅近の中古物件が豊洲にはある。**将来の建替えなどを視野に入れて、「駐車場をつぶせば建替え時に広い敷地を確保できる物件」**は湾岸エリアにも残っている。

将来は、建替えマンションの支援策も増え、駐車場にはあまりがある。大きな駐車場棟は不要に近く、削減できれば、マンションの建替えの絶好の用地にできるだろう。

マイカーは難物で、子育ての際には必要だろうが、子どもが成長し、住民の高齢化が進むと、**駐車場がマンション管理組合の財政を蝕んでいく**形になりやすい。

これが、日本の都市部のマンションで大きな問題になっている。駐車場会計も管理費や修繕積立金のなかでどんぶり勘定され、独立採算になっていない。

こうした住民の管理修繕負担を重くし、赤字因子になり得るどんぶり勘定の費用処理は厳格にすべきだ。

少なくとも、管理費や大規模修繕費のなかではなく、駐車場関連収支として別扱いにするのが筋だが、そうしているマンションはほぼ皆無だ。

マンション問題を管轄する国土交通省も動こうとはしない。

さらに、EV自動車に乗る人は非常に少ないので、充電設備のセットも電気代と合わせて別会計にしてもいい。

とはいえ、環境（脱炭素）＆ＥＶ時代に踊らされて、駐車場関連の追加投資と収益悪化に苦しむマンションは続出するはずだ。

有楽町線延伸、新駅バブルはどうなる？

さて、現在でも、江東区の枝川地区などの豊洲近郊には、「豊洲」と名を冠したマンションが増えてきた。前述した「豊洲隠し」が終わり、「豊洲バブル」が始まった２００６年以降にできた物件だ。

有楽町線延伸で豊洲駅の先の枝川に新駅ができることから、豊洲周辺のバブルはさらに膨らみそうだ。江東区では、さらに新駅ができる予定の住吉地区でも、マンションの開発余地があれば人気が出そうだ。

ただ、実際に計画延伸地点の地価を上げているのは日銀の金融緩和の効果のほうで、新駅効果は開通直前でないと発揮されず、大きな延伸があった昔に比べてそのインパクトは小さい。

すでに清澄白河までタワマンが林立し、大きく値上がりしたので、この先は南砂町や東陽町あたりの海抜ゼロメートル前後のエリアも人気が出るかもしれない。

タワマンなどマンションバブルの波は、津波など災害リスクの懸念を軽く上回っているようだが、**「ゼロメートル前後の物件は必ず5階以上を買う」といった最低限の資産防衛策は施すべき**である。

割高の世田谷区は売り、割安の大田区は買い
——次の「豊洲」の匂いがプンプン

同じような現象で、**世田谷区（人口94万人）に隣接する大田区（73万人）は、これから「買い」**である。

これは一般目線にはないので、**いまがチャンス**だ。

大田区には、古い住宅街が残っている。

それもあって、全国の空き家ランキングは世田谷区に次ぐワーストナンバー2だ。

しかし、世田谷区と違って海に隣接している。

開放的で発展できる余地は臨海部にあるというわけだ。

そして、**山の手には昔からの高級住宅街もある。価格面でも手ごろで、世田谷区よりずっと将来性がある。**

それればかりではない。

横浜からの人口北上の波を受け止められるのが、川崎市や大田区だ。**東京の街の中心が南部にシフトしているが、これからは品川からさらに南東方向にシフトするだろう。**

そこには**羽田空港があるから**だ。日本企業も、人口減で高齢化し、介護状態にある日本経済を見切って、海外に向かっている。

また、大田区の魅力は、**私鉄とＪＲの線路に挟まれたユニークな下町商店街があること**だ。京急蒲田駅とＪＲ蒲田駅が８００ｍ程度離れている「弱点」が最大の長所だったのだ。両駅がひとつのターミナルでつながることがないため、両駅間の人通りは多い。昔ながらの商店街も残っている。

ターミナルでない、いくつかの駅周辺には、商店街にもお得感がたくさんある。

品川の戸越〜戸越銀座〜戸越公園なども含め、大田区の蒲田や大森は、１０００円カットがまだ他地域に比べて大きく値上げされていなかったりする。理髪師は若く腕はよい。

実際に筆者は４店で調髪したことがある。

23区の穴場、羽田にも近い「大森」は狙い目

JR大森駅と京急大森海岸駅に挟まれたエリアには、古い街並みが残っており、非常に味わい深い。大森駅の北側には、古い商店街が残され、北部の高級住宅街につながっている。

品川区の**大井町駅**もJRと東急、それにりんかい線が乗り入れるが、ひとつの駅として扱われている。

駅前の区役所と駅周辺に広がるエリアでは、JRが大規模な再開発を実施中で、昔ながらの匂いは消えている。したがって、開発し尽くされたような品川区の宅地が高いのは当たり前だ。

それゆえ、**これからは「フロンティア」として大田区の時代がやってくる。**

海外との接点は、現在では千葉県の成田空港より東京の羽田空港だ。

双方の空港とも競って滑走路を増やし増強している。円安で増える訪日客需要に応えるためだ。

しかし、大きな違いは、**羽田は国内数十の地方空港とつながっている**ということだ。

土建国家の日本は、建設投資は悪平等を旨とするため、需要を考えず全国50カ所以上に空港を設置した。

その結果、鳥取県には隠岐の島に加えて鳥取市と境港市に、隣の島根県にも益田市と出雲市にそれぞれ空港ができた。その隣の山口県にも2つの空港がある。

こうした地方に乱立した空港は羽田空港とつながるのが悲願で、そこに唯一の採算路線になる可能性がある。

羽田空港跡地が大化けする可能性

国際化した羽田空港が立地する大田区は、その昔、海苔の養殖が有名で、ブランドとして「浅草海苔」をOEM供給していた。

羽田空港は、広い干潟を利用した飛行場だ。

1945年の終戦直後、進駐軍が羽田空港拡張のために穴守稲荷神社の旧鎮座地周辺の町ごと48時間以内の強制退去を命じて接収した。

羽田空港第3ターミナル駅の手前、東京モノレールの天空橋駅。

人通りもまばらな駅から出ると、駅前では大きな工事が行われていた。ここでは大手ゼネコンの鹿島ら9社が組んだコンソーシアムが広大な再開発を進めている。

これまで天空橋駅周辺の羽田空港跡地が閑散としていたのは事実だが、**「羽田イノベーションシティ」の誕生で、大きく変わることが期待される。**

海老取川の手前の西側には町工場も集まり、昔の築地や月島のような雰囲気もある。

この天空橋エリアが注目されたのは、羽田空港の国際化に向け空港の前面の東京湾が埋め立てられ、いわゆる羽田の沖合展開が終わったからだ。

このため、現在の天空橋駅（東京モノレール、京急空港線）の北側周辺にあった羽田空港の滑走路などに使っていた土地が不要となった。そこの土地は大田区に返還され、空港の機能の強化のために施設をつくることになった。

近隣には、かつて羽田空港の滑走路やターミナルビルがあった。ただ、騒音の問題や滑走路が手狭だったことから、沖合を埋め立て、１９９０年代に移転し、現在の羽田空港となっている。

長い時間をかけて再開発計画や権利問題を整理し、空港跡地を２つの開発ゾーンを中心に構成される**「羽田グローバルウイングズ」**として生まれ変わらせようとしている。

天空橋はこれからの「イノベーション」に期待

全体で53ha（ヘクタール）の空港跡地では、3つの大きな開発計画が動いている。第1ゾーンは天空橋駅に直結し、建物の一部は天空橋の上にある。

大規模複合施設は、**「羽田イノベーションシティ」**で、2023年11月にオープンしたばかりだ。

研究開発施設、ホテル、ライブホール、日本文化体験施設、医療センターなどが入る11階建ての建物だ。国家戦略特区に指定され、空港を利用しない人にもアピールできる施設となっている。

鹿島、大和ハウス工業、京急、日本空港ビル、JR東日本、東京モノレールなど、9社が事業に関わっている。

ただ、こうした施設は海老取川の東岸だけで、西側は昔からの住宅街や商店街が広がっている。

1993年に京急線羽田空港駅が廃止され、駅は現在の京急空港線天空橋駅に移された。駅名の「天空橋」は、地元の小学生から募集してつけた名前らしい。一方、東京モノレールの駅も名前や場所が変わり、現在の天空橋駅となった。

いまのところ、空港に近いということで大規模なマンションや住宅のための大規模な再開発をする動きはない。

ただ、**空港に近い絶好の立地から、外国人や空港業務関連の人たちに大きな需要がある**だろう。

すでに羽田の下町には数多くのビジネスホテルや賃貸マンションが建設されている。住宅としての価値が認識されれば、開発も進むだろう。

天空橋駅の西側には戸建てや分譲・賃貸マンションなど住宅地が広がっていて、のどかな下町の雰囲気だ。

近隣には物流施設やホテルも点在している。

賃貸相場は周辺に比べて安いが、**今後周辺が発展することで、状況は一変する**かもしれない。

ただ、非住宅のピカピカの箱をつくっただけで、日本経済の課題であるイノベーションが進むわけではないから、せめて「外国勢と連結できる最短の場所」を海外にPRするしかない。

これからの「イノベーション」が楽しみなエリアだが、人材供給というならこの地を住宅開発するのもいい。

「羽田アクセス族」の勘違い――「蒲蒲線」は必要なのか？

羽田空港は、国内空港の心臓だ。

都心の低空飛行のリスクを冒しても、ひっきりなしに世界中と全国から飛行機が離発着する。それなのに、羽田の航空管制の人員まで横並びで減員・抑制対象とするため、目が回るほど忙しい。

地方空港はその反対だ。

政府投資は全国一律を旨とするため、公務員の増減ばかりでなく、航空機発着リスクの原因になる恐れがある羽田空港にも十分な設備投資ができない。

これが、2024年1月2日の羽田空港における航空機衝突事故の背景となっている。

もちろん、ヒューマンエラーという人為的なミスもあろうが、やはり、**「羽田だけを別扱いして安全設備などに積極投資する」という当たり前のことができない構造問題**は根深い。

さらに、羽田空港はこうした日本独特の事情から、いま羽田までの鉄道や地下鉄を延伸させる羽田空港アクセス線の建設構想ラッシュにおののいている。

羽田空港をしっかり運営するには、滑走路を増やし、安全面で思い切って設備投資し、要員を増やすことが大事だが、そんな正論は日本の政府建設投資の世界では通らない。

すでに羽田へのアクセスは、京急線とモノレール、それにリムジンバス網がある。

さらに、31年にはＪＲ東日本が高輪・品川エリア（高輪ゲートウェイとして巨大再開発を実施中）から新幹線の引き込み線を使って、羽田空港の直下に乗り入れる羽田空港アクセス線を開通させる見込みだ。

それで十分と思いきや、そうではない。**私鉄では東急線や京急線を巻き込んで、渋谷方面から羽田をつなぐため「蒲蒲線」（新空港線）を新設する方針**なのだ。

問題はたくさんあるが、「蒲蒲線」で結びつける東急と京急の線路の幅が違うことが大きな障害だ。

地下に潜り、東急多摩川線の矢口渡駅付近から地下の新線を通して2つの蒲田駅（京急蒲田とＪＲ蒲田）を結んだうえで京急空港線の大鳥居駅付近につながる。

わずか８００ｍ程度離れている京急蒲田駅とＪＲ蒲田駅を、巨費をかけてつなぐのだが、半分の前半区間だけでも１５００億円を超す費用がかかりそうだ。お金をかけて、両蒲田駅間の商店街などの人通りを奪うことは間違いない。

さらに、ＪＲ系のりんかい線と31年にできるＪＲ東日本の羽田空港アクセス線（仮称）をつないで、相互乗り入れする構想もある。その手段のひとつとして、りんかい線を枝分かれさせ、品川駅と結びつけるという構想もある。

アクセス線はこのように「構想ラッシュ」なのだ。

新線で潤うのは、建設するゼネコンと関連の不動産需要が見込める大手不動産会社である。損をするのは新駅周辺以外の国民や都民の側だ。

なぜなら、行政がこれまた補助金を出したり出資したりして、巨額の建設費を賄うためだ。

そんなカネがあるなら、羽田空港の滑走路建設に回したほうが将来性はある。

住宅地としては格安の大田区は、羽田空港を抱えているため将来有望だが、**巨額投資のわりに実現性や採算性が不透明な「アクセス線構想地獄」に踏み込んでいる。**

アクセスは、既存の交通インフラで十分ではないか。

川口の逆襲——市の負担で高崎線・宇都宮線を川口駅に止める

東日本大震災以降、臨海部の横浜方面の東京通勤者のマイホーム需要を引き寄せてきたのが、内陸である埼玉県さいたま市の**浦和、大宮、さいたま新都心**の3地点だ。

億ションも続々と建っている。

そこに、これから割り込んでくるのが、荒川に隣接する埼玉県川口市だ。

川口市は約70万人の人口規模を誇る。そして知る人ぞ知るタワマンの街だ。駅前の鋳物工場跡地でいまも建設が続いており、日本の本格タワマンの第1号といわれるのが、川口駅から離れた大京の「エルザタワー55」だ。数年前にタワマン初の大規模修繕着手が注目されたが、難なく完了した。

都民から見れば荒川を越えたその先で、**JR川口駅のホームが増設され、上野東京ライン（高崎線・宇都宮線）が停車することが決まった。**

川口市は、JR川口駅に中距離電車を停車するためホームの増設と駅舎コンコースの新設などを盛り込んだ計画案を発表した。400億円前後の費用がかかる。

奥ノ木信夫市長は「人口減少社会の到来、再加速する東京一極集中などにより、首都圏近郊の都市間競争の激化が見込まれる。この競争に勝つための大きなポイントが中距離電車の停車だ」と話した。費用の支払いは「未来への投資」との理由で地方債や基金を活用することを検討している。

停車する路線案は新宿方面に向かう湘南新宿ラインも検討されたが見送った。上野東京ラインのほうが運行本数は多く、鉄道輸送能力の増強に適している。

加えて、上野東京ラインが停車する東京駅から羽田空港へ直通運転される羽田空港アクセス線（仮称。31年開業予定、高輪ゲートウェイ駅付近で分岐）の開通も考慮に入れた。JRの羽田空港アクセス線の開通に合わせた戦略は悪くない。

人口が減る時代は、実現性や開通時期が不確かな新線に依存した街づくりよりも、川口市のように地元負担の請願駅や請願ホームのほうが費用対効果は大きい。

川口の「クルド人問題」はどう考える？

先に「外国人に買ってもらえないマンションは負け組物件に転落する」と書いた。

一方で、**川口は「外国人移住者問題を抱えているのでダメ」というのもセンスが悪い判断**だ。

クルド人問題が投げかけたのは、

①トルコが締め上げ、領土を持たないクルド人が悲鳴を上げて来日した
②ずさんな入管・難民政策で、クルド人の滞在問題を川口などの自治体に丸投げしている
③医療費・教育費などで基礎自治体（末端自治体）にしわ寄せがきている

という点だ。川口市長は費用負担などで国の関与を求めている。

川口では小学校から外国人居住者への理解が進むだろう。「外国人はとんでもない」という排外的な視点ではなく、世界に川口を売り込む「好機」と考えたほうがいい。

都内の山の手の高級住宅街の方々の一部による「外国人が住む湾岸なんて住めない」という発想が自分の住宅の資産価値を落とし、空き家を増やす要因になっているのと同じ面がある。

臨海部を避けたい人には、川口市とさいたま市はおすすめだ。

リニア駅に沸く橋本に漂う暗雲

「郊外で新線など鉄道開発が進めば盛り返す」という「値上がり神話」も危うい。

そのひとつは、神奈川県で唯一のリニア停車駅のできる神奈川県相模原市の橋本地区だ。県と市のバブル投資で住宅購入者が**リニア・バブルに踊ると、大損失を被る可能性**がある。

リニア新幹線において、橋本、甲府の南部（山梨県）、中津川（岐阜県）などは、品川駅から名古屋駅までの各駅停車駅にすぎない。

それに、リニアは大阪延伸も困難だろう。品川―名古屋の専用列車なら、一度は物見遊山で乗車しても、通常の出張では「のぞみ」を使う可能性がある。

よって、リニア駅設置に浮かれる神奈川県と相模原市がタクトを振り、不動産や建設投資に走る**橋本駅の周辺においては、都市開発のリニア・バブルの崩壊は確実**だろう。

さらに、リニア開通は大幅に遅れそうだ。

橋本は地味な途中停車駅なのだから、リニアをからめないほうがよいと思われるプロジェクトもある。

政治家による「我田引鉄」の象徴となった東海道新幹線の岐阜羽島駅（こだま号向け停車駅）も期待どおりの開発はされず、集積も進まなかった。

橋本はその轍をすでに踏んでいる。

自民党がつくったタワマンブームで街が変わる

1億円から3億円程度のマンションは、外国人を含めて格好の投資対象となっている。

そうした人たちは、日本の金融・為替・国債市場の弱点などについてもきちんとアドバイスを受けられる立場にあり、いい加減な不動産業者は寄せつけない。

「お金持ちほどもうかるエリア」が都心でジワジワ広がっている。

図表5　東京圏の新築分譲マンションにおける供給戸数の推移

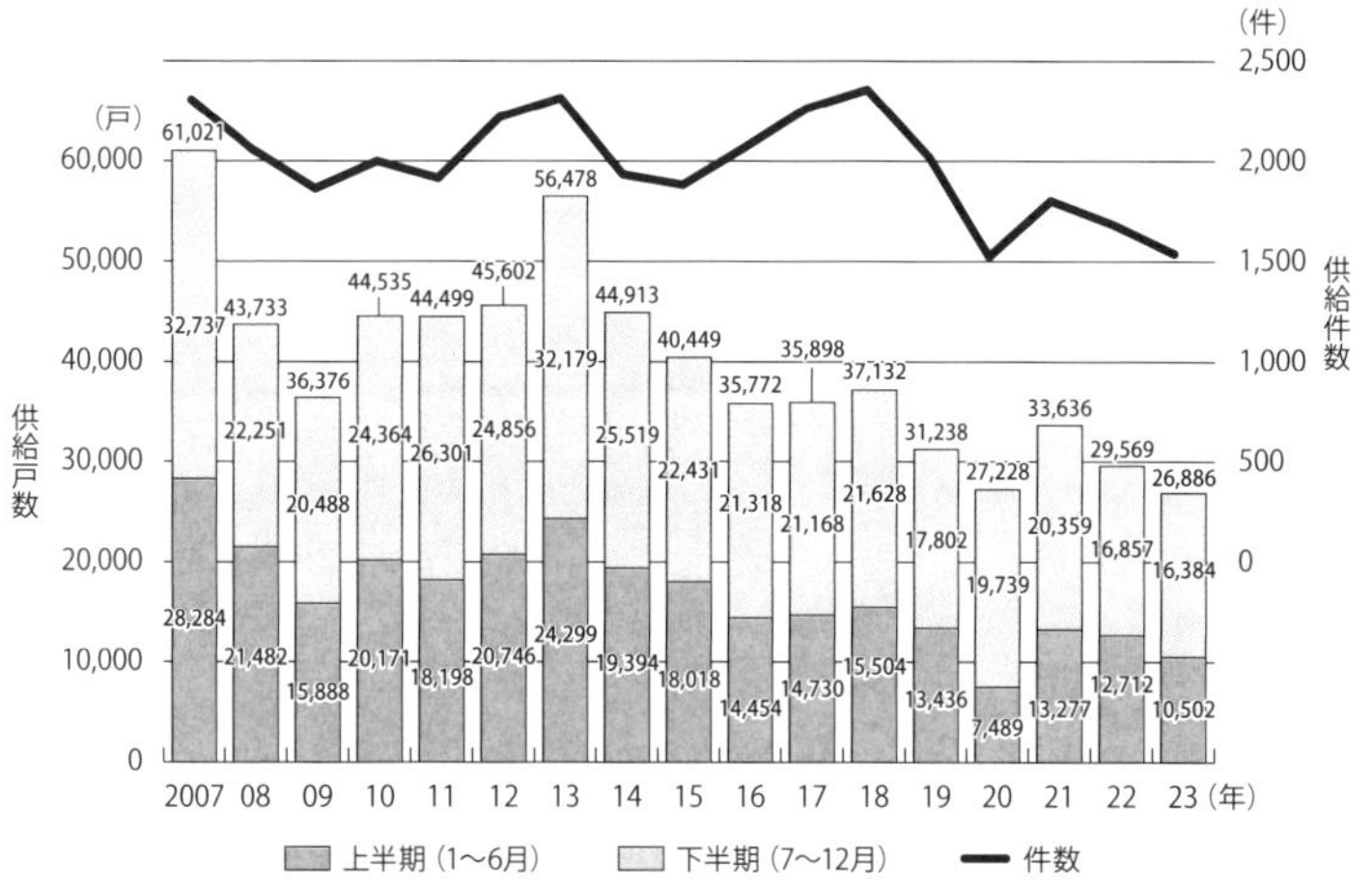

出所：長谷工総合研究所

バブル経済崩壊後、不動産バブル処理で重荷となった不良債権を一掃するため、政府は**マンションなどの共用施設などを容積率に算入しない建築規制緩和**に打って出た。

不動産業界が日本政府を動かし、タワマンブームに拍車をかけたといってよい。

日本全体では人口減少に拍車がかかっているが、全国各地から若者たちは仕事を求め、東京に移住する。

なお、総務省が２０２４年４月末に発表した最新の全国の空き家数は約９００万戸になっている。

札幌のマンションブームは、すでに危険水域

優良マンションの高騰は、東京と大阪だけの話ではない。

ここからは、郊外や全国の状況も見ていこう。

札幌、仙台、広島、福岡の地方の4大ブロック都市は、再開発期待から伸びが顕著となった。

とくに札幌市は住宅地、商業地の地価上昇率が10％を超し、2023年の公示地価調査では都道府県庁所在地でトップだった。札幌の不動産バブルを物語るのが、23年までの億ションの価格だ。全国と比べてみよう。

全国各地の主要マンションの最高価格は上がりつつある。札幌5億円台、東京45億円台、京都・大阪・那覇2億円台、その他の全国主要都市は1億円超……。

不動産経済研究所によると、**札幌市の新築マンション価格の平均は2022年には5022万円**となり、それは都市として格が上の名古屋市の3587万円よりも4割も高くなった。同じ地方拠点都市の福岡市の4228万円から見ても2割も高い。

10年前との比較では、札幌は7割高となり、名古屋市（10年前の5％高）や福岡市（同

5割高）を大きく上回る。

10年前は名古屋と札幌のマンションは、ほぼ同じ価格だったのに。

日銀の長期にわたる金融緩和は、札幌への投資熱も温めた。札幌市の中心部で高級マンションの開発が相次ぎ、札幌都心部のマンション販売価格を高騰させている。

札幌駅前など都心部の平均坪単価は直近3年間で約4割上昇し、簡単には手が届かない水準となっている。

価格上昇の牽引役のひとつが、**転売目的のマンション投資家**だ。

都心部は「住まないマンション」が目立ってきた。札幌都心部の一等地では、数年前に買った物件の資産価格が2〜3倍になっているケースもある。

同じように全国各地のお金持ちは地元に投資先がないので、東京の不動産に投資する。最近ではボルテックスなど、10社以上が地方の富裕層に東京の不動産（賃貸ビルの区分所有権など）の権利を売るビジネスを展開している。

また、お金持ちも東京に集まる。

そして億ションを買い求め、億ションが最も値上がりするため、自宅とは別の投資用として2戸、3戸と買い求める。

低すぎる金利のせいであまり利上げも気にされず、値上がり期待で超高級マンション市場は活況だ。関西でも、世界中の富裕層があこがれる京都市内の不動産、大阪市内のタワマンは盤石だ。

価格上昇が続くなか、投資家がマンションで得た収益でまた別のマンションに投資する循環が生まれ、それは東京だけでは収まり切らなくなってきた。

「新しいバブル」が熟している証拠である。

札幌の不動産に降り注ぐマネー――不良債権の雪かきはどうなる？

札幌は相対的に所得水準がほかの同等の都市より低いのだが、**公共事業や再開発頼みの構造**がある。

五輪招致は頓挫したものの、「関連建設投資を十二分に誘発済み」ということで、不動産業界には痛手になっていない。

新幹線が札幌まで伸び、空港にも近い札幌駅の周りなら、外国人の投資需要も狙える。

高級物件の売れ筋は、北海道新幹線が通る札幌駅周辺とそこから延びる札幌の中心街の大通のそばだが、札幌駅に近いほうがよい。

たとえば、**「ブランズタワー札幌大通公園」**は、地下鉄駅まで徒歩3分の好立地で、繁華街のすすきのも近い。価格は最高1億7500万円だ。

大和ハウスが手がけるＪＲ札幌駅北口の48階建ての**「ONE札幌ステーションタワー」**は完成前に完売した。

地下鉄さっぽろ駅直結が売りで最高価格は5億円、全体の2割は1億円以上の住戸だ。購入者は道内が約6割、首都圏を中心とした道外が約4割を占めるという。大半は投資目的や都市別荘用の購入者だろう。

大京なども２０２５年の完成を目指し、北海道新幹線の札幌駅ホーム予定地の近くに、地上30階建てマンションを建設。

民間の調査では札幌駅前など都心部マンションの平均坪単価は３００万円に迫り、３年前より４割も高くなっている。

建設資材の高騰も要因だ。建設物価調査会が発表した23年9月の札幌の建築費指数（２０１５年＝１００）は、マンション（鉄筋コンクリート造）で１３３に上がった。

札幌五輪招致は断念されたとはいえ、北海道新幹線の開通が控えている。

「札幌駅前は半導体産業が集積する千歳という空の玄関口にも近くなるので必ず上がる」と見て、将来性も織り込んだ**東京からの不動産マネー流入が止まらない**。

オフィスも建設ラッシュだが、空室率はほかの同等の都市より低めなど、札幌の不動産にはすんなり理解できない部分もあるので、バブルがはじければ痛手が大きいだろう。

平均単価（千円/㎡）				平均面積（㎡）			
2021年1〜12月	2022年1〜12月	2023年1〜12月	増減率	2021年1〜12月	2022年1〜12月	2023年1〜12月	増減率
924	927	909	▲1.9%	65.40	65.57	61.82	▲5.7%
742	739	803	8.7%	73.62	71.52	74.23	3.8%
793	727	862	18.6%	68.38	68.38	68.26	▲0.2%
692	753	759	0.8%	74.27	72.76	75.94	4.4%
608	601	621	3.3%	68.99	67.25	67.95	1.0%
557	609	632	3.8%	69.29	70.73	71.21	0.7%
861	875	980	12.0%	60.44	63.75	59.62	▲6.5%
549	587	611	4.1%	72.62	73.01	71.83	▲1.6%
539	587	622	6.0%	71.21	72.78	70.46	▲3.2%
544	628	630	0.3%	75.26	73.91	74.74	1.1%
562	581	592	1.9%	71.49	74.31	70.29	▲5.4%
575	598	622	4.0%	74.67	71.97	73.30	1.8%
504	526	556	5.7%	72.63	69.53	76.20	9.6%
747	**769**	**784**	**2.0%**	**69.39**	**68.47**	**67.50**	**▲1.4%**

北海道全体の人口は今後大きく減るので、札幌ではなく東京に出てしまう道産子も増える可能性がある。

東京から降り注ぐ投資マネーも、冷え込む景気の厳冬期に積もりすぎれば、根雪のような溶けない不良資産となる恐れもある。

住民が雪かきをしなくて済むので人気のはずの暴騰タワマンだが、投資家が売買のタイミングを誤れば、物件自体が凍死する恐れがある。

地方でも駅前にタワマンが集積する

ほかにも、地方都市にタワマン集積地ができる理由はある。

図表6　近畿圏の新築分譲マンションにおける地域別の平均価格、平均単価、平均面積

地域名		平均価格（万円） 2021年1～12月	2022年1～12月	2023年1～12月	増減率
主要地域	大阪市	6,040	6,081	5,621	▲7.6%
	阪神間	5,461	5,282	5,958	12.8%
	神戸市	5,422	4,973	5,884	18.3%
	北摂	5,138	5,476	5,766	5.3%
	東大阪	4,197	4,039	4,218	4.4%
	南大阪	3,863	4,309	4,501	4.5%
	京都市	5,204	5,579	5,844	4.7%
外周地域	小計	3,990	4,287	4,386	2.3%
	兵庫県	3,838	4,274	4,385	2.6%
	京都府	4,091	4,641	4,712	1.5%
	滋賀県	4,017	4,315	4,159	▲3.6%
	奈良県	4,292	4,304	4,558	5.9%
	和歌山県	3,662	3,655	4,237	15.9%
近畿圏全体		5,182	5,268	5,289	0.4%

出所：長谷工総合研究所

東京の一極集中がますます強まり、**東京へのアクセスが便利なJRの主要駅前で開発の集積が起きているか**らだ。

たとえば、広島市では世界遺産の原爆ドームの周辺の景観を守る意図もあり、高い建物は駅前に誘導されている。広島駅は建替えられ、市内電車と山陽本線や新幹線、バスへのアクセスが大きく改善された。

駅前にはタワマンが並び、百貨店やオフィスビルが林立し、**「駅前に何もない広島」**は過去の話になっている。

同じように中心市街地と駅が離れた金沢も、金沢駅の周りにホテルなど高層ビルが林立するようになった。

札幌市も仙台市も福岡市も、駅前に建物の集積が進む。

大阪市ですら、街の中心は南寄りの中央区本町から北区の中之島や大阪駅周辺の梅田に移ってきた。大阪ではＪＲ大阪駅の北側、阪急の梅田あたりが開発の中心だ。

リニア新幹線の駅ができる名古屋もそうだ。

いまや中心市街地がＪＲの主要駅から離れて繁栄している大都市は京都市ぐらいではないか。

20年先を見て「駅前」を買いなさい

国民の所得や資産の二極化で、マンションも駅前にシフトしている。

東京でも、西武池袋線のひばりヶ丘駅など、駅前の旧銀行店舗跡、廃業が目立つシャッター商店街の入り口などにタワマンや高級マンションが次々とできている。

郊外でも「駅直結」の物件だけはよく売れる。

今後は郊外の商店街の駅側のエリアが地上げされ、大型マンションに化ける再開発が増えるだろう。

しかし、都心から遠い郊外は、駅前にタワマンができても、値上がり益は期待しないほうがいい。将来の日本の人口の半減を考えれば、東京通勤圏は縮小する。

西武新宿線の本川越駅、西武池袋線の所沢駅あたりが、「限界駅前タワマン」となるだろう。

この先、人口減少が進んで鉄道救済のために鉄道関連法が規制緩和されれば、電車の操車場や大きな駅構内の一部に建設される駅上化高層マンションが出てくる。

そういう時代はもうすぐだ。

鉄道会社も人口減と通勤利用者の減少で、「持てる不動産」を最大限活用しないと、本業の鉄道事業での大幅なリストラや運賃の値上げや減便、路線廃止等に追い込まれかねない。

将来的に最も値上がりする物件は、駅徒歩ゼロ秒の「駅上化高層マンション」になる。防音対策が施されていれば御の字だ。

北海道千歳市、熊本県大津町など、半導体が上げる地方の地価

さて、かつては世界を牽引してきた日本の輸出産業も、その拠点が次々と海外に移転してしまった。これは雇用と所得の喪失を意味し、土地需要は住宅地を含めて大きなマイナス材料となってきた。

反対にいえば、世界的な戦略製品となった半導体の工場が立地すると、大量の雇用が発生し、大きな工場の周辺に小さな工場やアパートが張りついて地価が上がることははっき

りしてきた。

国土交通省が2023年9月にまとめた基準地価（23年7月1日時点）もそのことを如実に示している。

住宅地と商業地の上昇率の全国上位は、日本の有力会社がこぞって出資してつくった**ラピダスが半導体工場を建設する北海道千歳市**と、**台湾積体電路製造（TSMC）の工場に近い熊本県大津町**の地点がほぼ独占した。

熊本の半導体工場は増設され、関連産業施設もどんどん立地してくるので、当面は土地価格が上がり続ける珍しい町になる。

千歳市は23年に次世代半導体製造のラピダスの工場の建設が決まり、早くも建設関係者などの住宅需要が高まる。

千歳市内の住宅地は全国上昇率の上位3位を独占し、とくにJR千歳駅近くの調査点で、1年間の上昇率は3割を超えた。

オフィス需要や中長期的な人口増を織り込み、千歳の商業地の上昇率でも全国の2位から4位につけた。札幌駅の億ションの建設ラッシュを千歳の半導体投資に結びつける向きもある。

しかし、外資系になった四日市の半導体工場（旧東芝）は苦しんでおり、浮かれてばかりはいられない。

地方の地価下落は止まらない

国土交通省の2023年の基準地価によると、全国の地価は全用途の平均で1・0%上昇したが、この程度の変動はホンモノの「上昇」とはいえないし、ニュースではない。全用途、住宅地、商業地とも2年連続の上昇で、伸び率も拡大し、三大都市圏以外の地方圏は全用途と住宅地が31年ぶりに上昇に転じたという。

これも基本的には不動産鑑定という、さじ加減がものをいう官製相場のなかにおいての取るに足らぬ誤差の範囲だ。

ただ、**大都市部のマンションなど、11年の震災の余波を除くと、不動産価格はほぼ20年以上も連続して上昇基調**だ。

それでも、地方をよく見ると、**上昇地点は観光地や半導体工場、県庁所在地など面積的には本当に日本のごく一部に限られる。**

「安いニッポン」といわれるなか、円安もあって、ドル換算の日本の賃金が国際的に見ても非常に安くなっている。

地価の地域的な二極化が、回復局面に入って鮮明になってきた。住宅地の下落率の最大は愛媛県の1・4%で、鹿児島県(1・2%)が続いた。

図表7　近畿圏の新築分譲マンションにおける供給戸数の推移と2024年の予測

	新規供給物件				前年繰越物件			合計			分譲中戸数
	供給	販売	販売率	（初月）	供給	販売	販売率	供給	販売	販売率	
2012年	23,266	21,194	91.1%	(76.9%)	3,307	2,622	79.3%	26,573	23,816	89.6%	2,757
2013年	24,691	22,555	91.3%	(79.6%)	2,757	2,630	95.4%	27,448	25,185	91.8%	2,263
2014年	18,814	16,970	90.2%	(76.6%)	2,263	2,013	89.0%	21,077	18,983	90.1%	2,094
2015年	18,930	16,741	88.4%	(70.8%)	2,094	1,884	90.0%	21,024	18,625	88.6%	2,399
2016年	18,676	16,202	86.8%	(71.9%)	2,399	2,091	87.2%	21,075	18,293	86.8%	2,782
2017年	19,560	17,433	89.1%	(76.1%)	2,782	2,370	85.2%	22,342	19,803	88.6%	2,539
2018年	20,958	18,455	88.1%	(74.5%)	2,539	2,135	84.1%	23,497	20,590	87.6%	2,907
2019年	18,042	15,688	87.0%	(74.1%)	2,907	2,441	84.0%	20,949	18,129	86.5%	2,820
2020年	15,195	12,570	82.7%	(71.7%)	2,820	1,850	65.6%	18,015	14,420	80.0%	3,595
2021年	18,951	15,778	83.3%	(69.8%)	3,595	2,368	65.9%	22,546	18,146	80.5%	4,400
2022年	17,858	15,290	85.6%	(72.7%)	4,400	3,063	69.6%	22,258	18,353	82.5%	3,905
2023年	15,385	12,994	84.5%	(71.4%)	3,905	2,835	72.6%	19,290	15,829	82.1%	3,461
2024年予測	**17,000**	**14,500**	**85%**	**(70%)**	**3,461**	**2,500**	**72%**	**20,461**	**17,000**	**83%**	**3,500**

出所：長谷工総合研究所

下落したのは都道府県の半数を超える28県。

実際は地方で路線価より高値で売れる不動産は少ないし、本当の実勢地価は全国ほとんどの地点で大きく下落しているが、地方の取引数があまりにも少ない。

このため、地方の高すぎる公的地価は下がり切っていないが、その数字のレベルがまだ信頼されている状況だ。

実際には取引がないか、時価は公的地価より安い場合が少なくない。

北海道をはじめ、全国に炭鉱や鉱山、温泉街・観光地などかつて繁栄した地域が人口激減で生き残っているが、廃墟の残骸も見られる。

公示地価で売れない土地はたくさんある

公示地価は、毎年1月1日時点の標準地（約全国3万地点）の適正価格を評価する。

公示地価を補完する基準地価は、全国の2万地点の基準地。実勢価格とほぼ同じ評価額が建前だ。

路線価は土地の相続税や贈与税の計算の基礎となり、「相続税路線価」ともいわれる。これは公示地価の80％を目安に決まる。

	利用タイミング	評価の水準	基準日	公表時期	管轄
実勢価格	土地の売買	ほぼ時価と同じ	随時		
公示地価	土地の売買	ほぼ時価と同じ	1月1日	毎年（3月）	国土交通省
基準地価	土地の売買	ほぼ時価と同じ	7月1日	毎年（9月）	都道府県
路線価	相続税・贈与税の支払い	公示地価の8割	1月1日	毎年（4月）	国税庁

固定資産税評価額は、不動産に毎年課税される固定資産税や、それを取得したときにかかる不動産取得税、登録免許税など不動産関連の税金の計算の基礎となる。

全国のほとんどの土地が対象で、3年おきの1月1日時点に価格が更新され、公示地価の70％が目安。原則としてその土地・建物の所有者、借地人、借家人のみが知ることができる。

評価額は、市町村から届く納税通知書に記載される。

地価を「一物四価」という場合は実勢価格、公示価格、固定資産税評価額、相続税評価額の4つを指す。

固定資産税は自治体（区市町村）の最大の自主財源だ。

公示地価は時価が基準というのはウソで、実勢価格より遅れて値上がりや値下がりが反映される。

また、**公示地価は大都市で低めに出て、地方や過疎地で高めに出る。**

公示地価では売れない土地が、全国に大量に横たわっている。

第3章

20代・30代のための 不動産の「サンドイッチ売買」

すでに不利な若者世代、不動産で負ければ、さらに喰い物にされる

若者世代は先発世代の高齢者の生活を支えるため、税金や社会保障費の形で「送金」している。

額面収入と手取りの差額は、税金や社会保障費として政府や自治体を通じて主に高齢者向けに再配分されている。このために手取りの所得が少ない。

問題は、資産が少ない世代が資産の多い世代を支えるという状況にある。

そうした厳しい現実を、私は『世代間最終戦争』（東洋経済新報社）、『孫は祖父より1億円損をする』（朝日新聞出版・共著）のほか、『「老人優先経済」で日本が破綻』（ブックマン社）、『若者を喰い物にし続ける社会』（洋泉社）といった本に書いてきた。

マクロ的には高齢者に完敗の若者（全損世代）だが、ミクロ的にはうまくマイホームを回せば若干の挽回、あるいは逆襲が可能である。

しかし、「将来のために、子どももつくって家も買ってね。よろしく」という政府の政策を何も知らぬまま丸呑みすれば、身動きのとれない10年後が待っているだろう。

マイホームを持とう、複数の子どもをつくろうという親世代の目標も、相続しないことが賢明な自己防衛策でもある。

本章では、**若者世代が不動産で勝つための戦略**を考察する。

20代独身世代が流入し、30代子育て世代が東京から脱出

東京の人口が増え続けている。

これがタワマンをはじめ、不動産投資が盛り上がり続ける大きな要因だ。

しかも、隣県などからも大量の20代の若者が23区に流入している。独身者も多い。

そして、男も女も、持ち家を手に入れ、東京に住み続けるには、所得の高い正社員のパートナーを見つけないとならない。

ところが、マンションが値上がりしすぎて、**30代は郊外や隣県に戻って家を探す逆流現象が起きている。**

ニッセイ基礎研究所の調べでは、東京圏のなかでは、東京23区への転入超過数が8年連続でプラスとなり、いっそうの都心回帰が進んだように見えた。

しかし、**意外にも近年増えたのは独身が多い20代だけで、それ以外の世代は基本的にマイナスの転出超過**となった。

とくに30代と10歳未満の子どもの転出が目立ち、**家族数が増えると郊外に移る傾向が顕著**となった。子育て世代に当たる30代がマンション高騰にギブ・アップしたのか、東京から逃げ出している。

とくに、東京からの30代と10歳未満の転出者は、2019年に4000人、20年に2万9000人、21年に5万1000人、22年に3万人となった。コロナ期に増えたが、その後の数字はコロナ前まで縮小していない。

子育て世帯の東京脱出の理由のひとつは、マンション価格など居住費の高騰だ。30代で1億円のマンションを買えるパワーカップルばかりではないのだ。

だが、それも20代の独身世代とは逆ベクトルだ。

独身者はパワーカップルと同様に23区を目指し、コロナ期においても東京圏（東京都、神奈川県、埼玉県、千葉県の1都3県）などからの20代の23区への流入は続いている。

それはなぜか。

単身のため、住宅を買わずにワンルームマンションなどでの賃貸生活で、仕事探しを第一に考えているからだ。

また、23区に残る若年層はタワーマンションなどに住むパワーカップルが少なくなく、23区とそれ以外の東京圏のカップル（夫婦）格差も広がっているといえる。

「築15年前後のマンション」が売れる理由

若いカップルの間では、合理的な選択として、**築15年前後の中古の分譲マンションを買うブーム**がひそかに起きている。

なぜ、築15年ものが人気なのか。

住宅ローン減税の期間は10年程度で、マンションの場合、築15年程度でお金のかかる大規模修繕期を迎える。

それを考えると、**10年から15年で売買するのがベスト**なのだ。

日本の市場は築10年から20年ものの中古物件の値下がり率が高いという。これは世界ではあり得ない特質となっている。

新築の際は修繕積立金を低く抑え、修繕費や寿命がきた住宅部材の交換費用の調達難、人件費などの高騰で、大規模修繕の際には臨時に費用を徴収するマンションがコロナ禍のあとから増えている。

「中国製の半導体やモーターがない」という理由で、機械式駐車場やエレベーターの予想を大きく上回る高額の修繕費に、マンションの管理組合が驚くケースは何度も耳にした。

千葉県のある大型マンションでは、電気エンジニアが実際に半導体などの生産・輸送経路を詳しく調査したところ、メーカーの言うとおり、早期の調達は困難とわかって、予算内に収めることは不可能と悟って管理組合が愕然とした。

修繕積立金はこれまで低く抑えられてきたが、最近は管理費や修繕積立金も値上がりしている。

こうしたなか、**築15年あたりの中古で大規模修繕が終わっていれば、巨額の修繕費も前の所有者の負担で済む。**

反対に、売る側は大規模修繕前に売ってしまったほうが、持ち出し（負担）が少ない。

15～20年の売買適時とは、大規模修繕期の指標が理由になるばかりではない。

いまから15年から20年前はまだマンション供給業者が多数存在し、価格面や品質面でも競争があった。比較的高くない物件が供給された最後の時代だったからだ。

その意味でも、築15年から20年の物件に目をつけるのは当然の選択だ。

世界的な資源高、インフレ、円安など、悪条件がそろい、建築資材や建築費は過去数年、大きく値上がりしている。

これまで、マイナス金利政策を背景にメジャーセブンも地価や建築費、建築資材の高騰を価格に上乗せできたが、２０２４年から日銀は利上げモードに入る。

しかし、都心のマンション価格は過去10年から15年ほどは価格上昇が大きかった。マンションを地価などの安値圏で買っておけば、高値圏で売って利益確定する。その後はしばらく賃貸住宅で暮らし、安値圏の買い時を待つのがいい。

この**「サンドイッチ売買」の基本は変わらない。**

再び脚光を浴びる「社宅」

企業の人材確保が課題となっている昨今、このようなマンション価格の高騰を受け、家賃の安い「社宅」が改めて見直されていることをご存じだろうか。

もともとは、地方から都市部への人口流入が急増した高度経済成長期に普及した制度だった。

だがバブル崩壊後、コスト削減や生活環境の変化により導入企業は減少、多くは「住宅手当」などに切り替えられたとされる。

ところが環境省の調査によると、近年、25歳未満の若手社員が社宅を利用する割合は増加傾向にあるという。背景には、**都市部での家賃の高止まりや、労働環境改善のための職住近接の推奨**などがあるとのこと。

大切な人材に長く働いてもらうための福利厚生として、今後「社宅制度」に力を入れる企業も増えそうだ。

「美人投票」に陥ったタワマン投資が強い本当の理由

経済学者のケインズは、株などに投資する際に、**「自分流に研究するのではなく、大量にいる市場参加者が最も評価する株を買ったほうがもうかる」**という**「美人投票論」**で有名だ。タワマンに美人が住むかは別として、投資対象の商品としては都心部や湾岸のタワマンがもてはやされている。それは株と同じように短期に売却が可能な、湾岸エリアのような層が厚い市場に集まる傾向がある。

市場では、販売主である大手不動産会社の深謀遠慮が働き、タワマンの市場が大きく活性化する方向が目指されている。

バブル経済崩壊後、不動産バブルの処理で重荷となった不良債権を一掃するため、共用施設などを容積率に算入しない建築の規制緩和に打って出た日本政府が、タワマンブームに拍車をかけたことは第2章で述べたとおりだ。

マンションは、中高層のなかでは14階建てまでが建築法令上も構造的に安くつくれる。高層ビルのタワマンは、大規模修繕費や管理費が高い。そのうえ、解体は非常に難しく、

1戸換算でマンションに付随する土地の持ち分は非常に狭隘《きょうあい》だ。

このように、**一生住み続けることを考えれば、長期投資の観点からタワマンにも大きな弱点はある。**

値上がり益が大きいため弱点をすべて捨象されているようだが、それは問題ではないことが多い。**住宅ローン減税のつく10年、大規模修繕が始まる築15年目までに売り抜けることを考える購買層が増えている**ためだろう。

長期に住まなければ、大規模修繕費や解体費などの将来不安はまず関係ない。

「終の棲家」としないのであれば、合理的に考えて「最善の物件」より「市場が評価する物件」を買ったほうがもうかるし、気持ちのよいものだ。

勝ち組パワーカップルは5年で住宅ローンを完済する

世帯年収が合計2000万円超クラスの共働きが増えている。

大卒で大企業に勤める勝ち組同士で結婚する夫婦、いわゆるパワーカップルだ。

こうした層の購買力も、高額なマンションがよく売れる原因のひとつだ。

生活防衛手段とはいえ、彼らの場合、2倍どころか4倍以上の速さで住宅ローンを返済してしまうケースもある。

片方が手取り1500万円なら、5年程度で5000万円台の物件は完済できる。頭金を3000万円以上準備するという例も聞くので、**億ションのローンを数年で返してしまう夫婦もいる**だろう。

双方で住宅減税を受けたうえで、片方の年収分をすべてローン返済にあてるのだ。子どもはゼロ（DINKs）か一人にする場合も多い。

このように、**共働きによる世帯収入の増加と金融緩和が購買力を高めている。夫婦などで借り入れる「ペアローン」を組む比率は、世帯年収が1000万円超の世帯では7割を上回る**。

ある金融機関は「条件次第で年収の10倍まで貸せる」といい、1億円の物件は手の届く範囲だ。斜陽産業の新聞・テレビ・銀行でも、ひとりで1500万円以上稼ぐ住宅購入層は少なくない。

日本では斜陽産業が高給与のままなので、資金が新しい産業に回らず、不動産やマンションに流れ着いてしまう。産業競争力が下落の一途をたどるのも無理もない。

「共働きで年収1000万円超」は常識になった

大和総研の調べでは、**年収1000万円超の東京23区に住む30代子育て世帯が2017年から22年にかけて2割以上も上昇し、半数近く（48・6％）が1000万円を超えていることが**判明している。

世帯年収を順番に並べた真ん中の値を意味する**中央値は986万円**。待機児童問題の改善などにより、**夫婦ともに正社員の共働きが増えた**ことが背景だと見られる。

総務省が就業構造基本調査から、夫婦と子どもからなる世帯の年収を分析した。17年からの5年間、全世代で世帯年収が増加し、30代が最も上昇率が高かった。地域別では23区が突出。全国の30代子育て世帯の世帯年収の中央値は686万円で、5年間で13・2％（79万円）の増加だった。

これに対し、23区は23・4％（187万円）も増えていた。

片働きで世帯年収1000万円超の世帯は全体の8・3％にすぎず、夫婦2人で稼いでいる形だ。

23区は給与が高い大企業が多いことなどを背景に、全国よりも共働き世帯の比率が低かったが、今回調査で30代に限った比率は74・8％と、全国の72・4％を逆転した。

若者はカップルになると「世代内の格差」がより広がる
──「結婚階級社会」

高収入の女性が自分より高収入の男性と結婚するパターンも多く、**若者はカップルになると「世代内の格差」が大きくなる。**

若者間の所得格差は正社員と非正規の差が２０００年代から急拡大し、２０１０年代からは**パワーカップルか否かで、さらに大きな格差がつく「結婚階級社会」**へと突き進んでいる。

若者の所得の二極化は広がっており、「結婚どころではない」「子づくりどころではない」という20代、30代も少なくないはずだ。

政府は、子どもを持つ世代の子育て支援策を打ち出すが、独身者や子どもがいない若年カップルへの支援は手薄で、少子化を打破できるのか疑問が残る。

政府や不動産・住宅業界は、子育てに加えてマイホーム取得も奨励している。

住宅価格が上昇するなか、国土交通省は住宅ローン減税について、減税対象となる借入限度額の２０２４年からの引き下げを予定していたが、物価高への配慮が必要だとして限度額を維持するなど、子育て世代へのローン支援を継続した。減税対象となる借入限度額は、24年は4000万~5000万円とした。

これらは住宅価格の高騰や住宅ローン金利の上昇で、家を買う人の負担が増えていることが背景にある。

超低金利が物件購入の損得に影響を与える

教育資金と住宅資金が夫婦だけで賄い切れないためか、住信SBIネット銀行はネット銀行や大手銀行としてはじめて**最長50年の住宅ローン**を投入した。

借入金額は最大2億円で、完済時の年齢が80歳未満の人が対象だ。西日本シティ銀行や福井銀行なども、50年ローンを提供している。

金利が低くなった部分だけを考えると、ローンの支払い期間を延ばすことは以前ほど家計へのダメージが少ない。

そのため、**超低金利を背景に住宅ローン残高が膨らんでいる**。

住宅金融支援機構(旧住宅金融公庫)の調査によると、住宅ローン残高は2022年度に約216兆円と過去最高を記録した。頭金を入れずに100%近くをローンに依存する傾向も強まっている。

一般的には最長の35年ローンなら70歳ぐらいで返済が終わるのが一般的で、ダメなら50

年の親子リレー形式という選択肢もあるわけだ。

住宅ローンで物件を購入する際に必要な費用を金利と物件費に分解すると、金利負担の低下が鮮明だ。

ニッセイ基礎研究所が、23区内で各年に販売された新築マンションを30年の固定金利型ローンで購入した場合の支払いを分析した数字がある。

金利負担の割合について、バブル期は5割前後が金利負担（総額1億円の物件なら金利分は5000万円、物件費は5000万円）で、2007年前後は3割が金利負担（総額1億円の物件なら金利分が3000万円、物件費が7000万円）だった。

これが2022年では金利負担は1・5割（総額1億円の物件なら金利分はわずか1500万円、物件費は8500万円）にとどまっていることが、高い物件を買う余力を生んだ。

ただ、2022年のマンション価格は2007年から4割程度上がっている。

そうすると、2022年に8500万円のマンションは2007年には6071万円で買えたことになり、2007年の7000万より929万円も安い。

2007年に6071万円のマンションの取得総額は3割の金利がつくので2601万円となり、総取得額は8672万円となる。この物件の22年の総取得費は1億円なので、実際は1328万円の損をしている。

超低金利と金融の大規模緩和であふれかえるマネーが不動産に流れ、相場が上がったため、金利分が過去の半分、いや3分の1だとしてももうかっていないのだ。

ここに落とし穴がある。それを**「日銀の落とし穴」**として第4章で解説しよう。

固定金利より、変動金利がまだまだ有利か

また、**固定金利より変動金利のほうが有利である**という理由はいくつかある。

SBI新生銀行は、優待客で借入額1億円以上なら金利が年0・2%程度となる。

金融機関の競争が激しいのは変動金利貸し付けのほうで、低利を武器としたさまざまなベンチャー企業が参入している。

ただ、元利均等返済のルールには気をつけたい。

金利変動で返済額を上げる場合は、直前の支払額の1・25倍以下にしか上げられないという125%ルールがある。

多くの銀行ローンには、毎月返済額を5年間変えない5年ルールもある。

毎月返済額は同じでも、金利が上がれば残高にかかる金利は上昇し、毎月の返済額の内訳で金利支払い分の割合が大きくなり、元金がなかなか減らない。

結局、金利支払い分の負担が増して総返済額は増える。上がった金利が5年後まで変わらなければ、毎月返済額は見直し時に確実に増える。また、10年間など一定期間だけ固定金利を適用するローンもある。

一方、20年以上の長期の固定金利は、住宅金融支援機構の独壇場だ。所管の国土交通省が政策的な金利支援などを強く打ち出しているため、ほかの民間銀行の固定金利貸出の条件を圧倒している。

ただし、優良住宅への融資に誘導するため、住宅の面積の確保など一定のクリアすべき基準がある。ただ、民間融資と違って、サラリーマンだけが優遇されることはなく、支援機構の融資は自営業者など、会社員でない人にも優しい面がある。

なお、その融資は民間の金融機関を通じて行われる。

固定金利はすでに上げすぎてしまい、時々下がることもある。

2024年の利上げが非常にゆっくりしたペースでは、変動金利もなかなか上がらず、インフレ局面なのに変動金利を選ぶローン債務者が増えるといった逆方向の動きも出始めている。

現在、変動金利は0・5%前後、固定金利は2%前後で、1・5%分の差がある。植田和男日銀総裁は、住宅市場を冷やす利上げは慎重にしたい旨の発言もしている。

住宅ローン利用者の7割程度が利用する変動型金利なら、いまでも年0・3％程度も珍しくない。

これは**世界的に見れば、金利がないのと同じ**だ。

仮に1億円を借りても、35年元利均等で毎月返済は約25万円。金利7％台もあったバブル期なら同条件で約64万円と、毎月の負担に40万円近い差が出る。

このような超低金利も背景に、供給を上回る需要が高値を生む湾岸エリアでは、一方的な売り手市場になっている。

ただ、日銀が24年に複数回の利上げをする場合は、売れ行きが落ちる可能性がある。現在の日銀は、国の債務返済の鍵を握る役割を担っており、利上げは極力先送りしたいのが本音だ。

圧勝と思われる変動金利の落とし穴

これまでも、変動ローンと日銀のゼロ金利政策、マイナス金利政策、イールドカーブ・コントロール（長短金利操作）政策の影響を説明するのは難しかったが、いまも同じだ。

変動の基準金利を民間銀行基準の短期プライムレート（優良企業向けの優遇基準）に基づかない方式で決めている銀行は、マイナス金利解除時に基準金利を上げる可能性もある。すでに借りている場合も、短期プライムレートに連動しない銀行では、日銀のマイナス金利政策の解除で金利が上がるだろう。

上がる候補は、**ソニー銀行のほか楽天、イオンなどネット系に多い。**

ただ、実際には変動の基準金利は短期プライムレートに一定幅を上乗せして決めるケースが多い。日銀の政策変動によって、銀行間のオーバーナイト取引、つまり無担保コール翌日物金利が0・1％を超えて上がるなら、金利引き上げが広がる可能性もある。

だが、マイナス金利解除後の翌日物金利の上限を0・1％にする場合は、短期プライムレートは上がりにくいだろう。日銀は住宅ローン金利の影響を抑える、つまり不動産市場の調整役を避けていく方針だからだ。

住宅ローンの金利環境は、2024年も大きく変わらない。

利上げについては、日銀がその悪影響を恐れている。**利上げが当面ポーズだけで見掛け倒しに終わる可能性が高い**理由は、第4章で語り尽くそう。

不動産と株のバブルに調整はかかるのか

長期にわたる金融緩和のバブルの歪みが出ているのは、タワマンなどの不動産だけではない。日経平均が4万円を前後する株式市場もそうだ。

株式もプロと一般人、国内勢と海外勢、法人と個人の二層が資産を投じる。

誰にとっても住宅は不可欠なので、投資層は幅広い。

また、すぐに決済が完結する株式では、参加も撤退も圧倒的に速い。

日本では、これまで過剰で大規模な金融緩和が四半世紀にもわたって続いた。

すでに23区のマンション価格も日経平均株価も、経済合理性の観点からは説明のつかない領域にあるともいえ、**市場から限定的な合理性を求められれば、調整（下落局面）に入る。しかし、完全には調整されないはず**だ。

20年前に比べて上場企業の配当総額は7倍以上にもなっているので、配当利回りを考えれば4万円の大台は許容範囲かもしれないが、それ以上の株高は意見が分かれるところだろう。

配当増は日本企業が将来性で買われていない点も示し、実際に賃金や設備への投資は20年前と大差はない企業が多いので、株価にも危うい点は少なくない。

今後も少子高齢化や人口減少などが進み、社会保障費などは膨張する。その財源は国債に頼らざるを得ない。財政赤字は膨らむが、将来世代の債務として飛ばされる。

このような状況で、資産を預貯金という通貨に近い形で持っていては、今後の悪性インフレには危険すぎる。

価格下落の懸念が生じる大台は、23区内の新築マンションでは平均1億円突破で、株式なら日経平均の4万円突破だろうが、そこには**「悪性インフレ懸念」**という思惑も込められている。

前者のマンション価格は23年にすでに突破したので、あふれかえるマネーは株式市場によく回るようになっている。

さらに、政府は株式投資のすそ野を広げるため、新NISA（少額投資非課税制度）をつくり、国民全体を投資家として証券市場に呼び込み、相場を支えている。

それもあって、株式も不動産市場と似たバブルの状況にある。

別れられないパワーカップルのペアローン地獄

先に触れたように、夫婦でペアローンを組み、億ションを買う事例が急増している。

ペアローンは住宅購入時に夫婦などが別々にローン契約を結び、互いにローンの連帯保証人になる。**首都圏では、新築分譲マンション購入者の3割がペアローン**だ。

一般的なのは、マンションの権利を2つに分割し、半分ずつそれぞれが自分のローンを組み、住宅ローン減税も2人分フルに利用するというやり方である。

しかし、**いざ離婚となり、夫婦の財産を分けるとなると、難しい状況になる。**

どちらかが慰謝料を払うとしても、分割してしまったマイホームの権利の行き先が問題となる。冷え切った関係だと、片方がその権利をその筋の専門の不動産会社などに転売し、そうした業者が残った家に住む元パートナーに決着を求めるケースがある。

たとえば**「奥さん側の持ち分が半分あるから、その部分を賃貸に出します。嫌なら市場家賃より高い値で借りてください」**とか**「(高値で)買い取ってもらっても結構です」**と通告され、訴訟などの紛争になる場合も想定できる。

そこに慰謝料や親権、ペットなどの問題がからむと、さらに難しい。

物件購入時には「住宅ローンは2人の最後の鎹《かすがい》ですから大事にしてください」と言われて舞い上がり、離婚話が持ち上がっても**「恐ろしい最後通牒だった」**と気づかないカップルもいるだろう。

パワーカップルは、離婚に投じるパワーも並大抵ではないのだ。

第一生命保険は、夫婦などが住宅購入時に別々にローン契約を結ぶペアローンで、いずれかひとりが亡くなった場合などに両者の債務残高の合算額を保障する団体信用生命保険を販売する。従来、ペアローンの団信は自身の債務残高を保険金額としていたが、これは片方が死亡したら両者のローンがチャラになる。

住宅ローンはどうなる？　育児世帯の負担減は継続するか？

ローンを組んで住宅を購入した際に、所得税などの負担を減らすのが**住宅ローン減税**だ。19歳未満の子どもがいる世帯か、夫婦のどちらかが40歳未満の世帯の控除対象となる借入限度額の上限は、２０２４年入居分も22～23年分と同様の５０００万円だ。それ以外の世帯は、４５００万円に縮小される。

現在の制度は、最大13年間、各年末の住宅ローン残高の０・７％を所得税や住民税から差し引く仕組みだ。

住宅ローン減税の対象となる床面積の特例も、24年末までの1年間延長される。**原則として新築で床面積が50㎡以上だが、年間所得が１０００万円以下であれば40㎡以上でも控除の対象**だ。

少子化と高齢化で、ひとりかふたりでマンションに住むのが当たり前の時代。住宅ローン減税の下限面積は40㎡まで下がってきたが、今後はもっと下げないと持ち家政策に響くだろう。

第4章

「1億円のマンション」を生み出した真犯人は日銀だった

不動産市場をマクロ視点でとらえる

1億円のマンションを登場させたのは、じつは日本銀行だ。

振り返ると、前回の株式バブルは1990年に、不動産バブルは92年に崩壊した。その後は不良債権問題から大不況に突入し、日本経済が国際舞台を転げ落ちるような長いデフレ時代を迎えた。

政府も手をこまねいていたわけではない。

必死に財政出動で公共事業などの大業を繰り出すものの、国債の返済を将来世代に回す自転車操業を続けた。

その結果、政府債務は1200兆円以上に膨らみ、政府はそのままでは利払いさえ難しくなった。このため日銀が政府債務の大半を買い取り、マイナス金利政策で利払いゼロを目指した。

少々難しい話になるが、不動産は投資商品のひとつであり、今回の不動産バブルが発生した仕組みや今後の展開なども、マクロ視点で読み解く必要がある。

本章では、日銀が不動産バブルにどんな影響を与えたのかという重要なマクロ視点も紹介しよう。

今回の不動産バブルで、企業や政府はどう動くのか

現在の東京のマンション市況は、ほぼ40年ぶりのバブル再来のような状況だ。

超低金利政策で不動産向けの融資額は2023年も史上最高の100兆円を大きく突破し、不動産業への融資比率は17%と史上最高で、バブル時よりも5%も高い。

「東京での拠点・設備投資」など他用途の融資も最終的に東京などの不動産に流れ着くが、じつはもっと多い。

かなりの融資が、最終的には不動産がらみの売買に流れているはずだ。

たとえば事業会社の多くも、人口減少のなか、国内生産は抑え、自ら遊休地を使った再開発などに乗り出している。企業に回ったマネーも、政府が目指す本来の健全な経済成長からずれた使われ方をしてきた。

銀行は不動産・土地を最良の担保とする。

今回の不動産バブルは担保価値も上げ、金融機関からの融資量を増やす効果もあるが、これ自体、じつはバブル的なお金の回し方なのだ。日銀は世界で最も長く金融緩和をやってしまい、利上げや量的緩和の縮小は最も遅れている。

本来、過度の金融緩和策は、将来の消費や投資を一部前借りして、未来を引き出そうと

する政策である。

あまりにも長すぎたバブルの後遺症

時代を遡ること35年あまり前、1980年代後半に起こったバブルは、90年に株式バブルが、92年に不動産のバブルが崩壊した。

当時の大蔵省が通達した、不動産、建設、ノンバンクというバブル3業種への融資の総量規制が効いた。それは不動産融資の伸び率が貸出全体伸び率を下回るように求めたのだ。

それに、日銀の公定歩合の連続的引き上げなどによって、ついに大崩壊した。

これは当時の大蔵省と日銀、政府が一体となった地価対策で、利上げのほか、土地の需要を抑えるために地価税なども課された。

その後遺症の大きさによって、日本は「失われた30年」という長いデフレ期から抜け出すことができなかったのだ。

その後、不動産融資の多くが金融機関にとって不良債権となり、その処理が大きな課題となったが、課題は先送りが中心だった。民間企業は、不動産をなるべく持たないバランスシートの身軽化に走った。

余剰人員対策は中高年の首切りをせず、賃上げもせず、新規採用を絞ることで対処した。

この余波で、新入社員の道を半ば絶たれた団塊ジュニア世代が非正規社員となった。

企業の中途半端なリストラでは不良債権経済はあく抜きできず、政府が公共事業（政府建設投資）を次々と打ち出したが、必要性が少ないものをつくり、政府債務だけが積み上がった。

一方、住宅減税や住宅金融公庫金利の引き下げを通じて景気も刺激されたが、デフレに突入したままだった。

景気後押しで財政出動を繰り返し、政府債務（国債）は先進国最悪の水準に達した。

その結果、日本国債は一時、アフリカのボツワナ並みの格付けとなった。

それ以降の20年も、国債増発の政府債務膨張は続くものの、超低金利に抑え込むために日銀が国債を「爆買い」し続けることで、市場は混乱を回避している。

住宅市場では、下げ局面が１９９３年ごろから２００６年ごろにやってきた。

絶好の買い場となったが、１９９３年から２０００年過ぎの物件は中途半端に下がった水準だった。

また、１９８６年から91年に建てられたバブル価格の住宅物件の処分も93年には着手すべきだったが、「持ち直す」と思って待っているうちに下げ相場の波がやってきて、損切りは厳しい結果となった。

結果論だが、１９８６年から92年の取得物件の多くが20年程度塩漬け保有されたが、

2016年から2023年に売るのがよい選択だったといえる。

「かつてのバブル崩壊」が「いまのバブルの起点」となった

今回の「平均1億円マンション」に象徴される不動産バブルを迎えた局面は、公共事業など予算（政府投資）の積み上げばかりが問題なのではない。

これに加えて、**少子高齢化で社会保障費などが増え続け、国の予算（債務）が膨張するパターン**が加わった。

巨額の国の債務（国債）は日銀に買ってもらい、返済の利息は極端に低く抑え込むことに成功した。そのためのマイナス・ゼロ金利政策でもあった。

しかし、長期デフレで景気回復が見えにくくなると、日銀は景気後退を許しかねない節度ある金融政策をとれなくなった。政府と日銀は長らく大規模な金融緩和を続けてきたが、それをやめるのを怖がっている。

「前回、バブルを崩壊させて長期不況を引き起こしたのは日銀の利上げや貸し出し規制が原因」という批判を、日銀はいまも極度に恐れている。

その結果として、空前の金融緩和の長期化によって東京のマンション価格もこの20年、上がり続けている。

「金利のない世界」は悪夢をもたらす？

日銀のゼロ金利政策（1999年〜）は、金融市場への影響を行使する中央銀行が政策金利をゼロ％に誘導するというものだ。

日銀に口座を持つ金融機関に対して、短期資金を貸し借りする際の指標となる金利をゼロ近くまで下げ、景気を刺激しようというのがその狙いだ。

このうち、マイナス金利政策（2016年〜）は、その金利を0％以下のマイナス水準にする政策だ。

24年3月にマイナス金利政策はやめたが、金融緩和はやめない。

日銀は年間60兆円から70兆円の保有国債が満期となるとみられるが、年間70兆円前後の国債は買い続ける方針だ。さらに買い込んだ株（ETF）も土地（リート）も売らない。

そもそも政策金利のマイナス金利政策は、16年1月に「マイナス金利付き量的・質的金融緩和」として導入された。ただ、金融機関でマイナス金利（マイナス0・1％など）が適用されるのは、当座預金の一部だ。

なお、**22年には世界的に広がるインフレを抑えるため、ECBやスイス国立銀行など、日本を除く世界の主要国の中央銀行がマイナス金利を解除したが、日銀は出遅れた。**

一方、日銀が短期ではなく長期金利（国債の10年物の金利が指標）に働きかける政策は、長期国債の大量買い入れや、指し値オペ（日銀が指定した利回りで金融機関から国債を無制限に買い入れるオペレーション：公開市場操作）を通じて行う。

16年9月に日銀は、長期金利を引き下げるため、イールドカーブ・コントロール（長短金利操作）を導入するとともに、長期金利については、10年物国債金利の操作目標を示して、これを実現するべく国債買入オペを実施した。

長期固定型住宅ローンの「フラット35」の最低金利は、12年前半に2％台だったものの、16年8月には過去最低の0・9％となり、最近は政策的にさらに下げている。

「黒田バズーカ砲」発動、マンション投資でウハウハは最初の2年だけ？

マンションの「バズーカ買い」といった話題は、読者のご記憶にあるだろうか。

大胆な金融緩和政策を掲げる安倍晋三政権下で2013年3月に就任した黒田東彦総裁は、13年4月の金融政策決定会合において**「黒田バズーカ砲」とも呼ばれた超大胆な量的・質的金融緩和（異次元緩和策）を導入して日本国中を驚かせた。**

日銀の異次元緩和によって、住宅を購入して長期のローンを組むには絶好の環境ができ、住宅・不動産市場はリーマンショックで失った勢いを短期間で取り戻した。

住宅ローンの金利も、その後の16年1月のマイナス金利政策導入決定のころまでにいっきに下がった。

だが、マンション相場はそれほど上がらなかったため、**バズーカ後の2年弱の期間は、金利の軽減も含めて非常によいマンションの買い場となった。**

その後、マンション相場は右肩上がりとなり、バズーカに賭けた買い手のウハウハの現実が方々で語られた。

異次元の金融緩和がつくり出した不動産の高騰

その後の数年間は住宅ローンの金利も低下したが、マンション相場の上昇が目立った。

だが、これは金利水準があまり関係ない売り手サイドから見ると、中古マンションの思わぬ売り局面となった。

一方、買い手にとっては金利低下によるお得感は、本当のことをいえば上がらなかった。マンション価格が値上がりして、低金利のお得効果をほぼ相殺してしまったからだ。

新築マンション分譲価格は、黒田日銀総裁が誕生した2013年に東京都平均で5290万円、16年に6038万円、そして22年には7521万円に達している。

この10年間で2000万円以上もの価格上昇を記録した最大の要因は、異次元緩和で不動産市場に大量のマネーが流れ込んできたことだ。

そして**住宅ローン金利の低下効果で、値上がりを続ける高い物件が「安く」見えてしまった。**

物件価格が高騰しても、0・3％程度の住宅ローン金利であれば35年間毎月の返済額はわずかしか増えないため、超低金利を追い風として住宅を販売し続けることが可能な状況をつくり出したのだ。

異次元緩和は、総裁本人が「2年で物価を2％上げる」と断言する短期決戦のはずだったが、無理な算段だった。

黒田総裁は「できることはすべてやる。戦力の逐次投入は避け、目標をできるだけ早期に実現することを目指すべきだ」「具体的な期間は2年程度を念頭に置いている」と宣言した。

結果的には、任期中は何年経っても物価目標が達成できなかった。

これには「深い理由」がある。

現在の不動産バブルの育ての親は黒田氏だが、**緩和の隠された目的は、1300兆円近くまで膨れ上がった国債という政府債務の大半を一時肩代わりすることだった**からだ。

経済的帰結はマネーの超過剰を引き起こし、資産市場（不動産や株）の急騰を招いた。

バブルは「次のバブル」に渡り歩き、「リレー」される

１９９０年代初頭、政府・日銀が土地バブルをつぶしたわけだが、不良債権の山とデフレが深刻化した。それをいやすために国債を次々と発行し、それを元手に政府投資で経済を支えようとした。

２０１６年以降、日銀国債爆買いを通じてマイナス・ゼロ金利政策という金利をなくすような禁じ手を打ちながら、政府は国債発行を膨らませたのだ。

このため、返済不可能に近いほどの大量の国債が最高価格（マイナス金利を含めた超低金利）で取引される国債バブルが発生した。

ところで、ノーベル経済学賞を受賞したフランスのジャン・ティロールは、「バブルの代替」としてバブルの発生から破裂、「次のバブル」の発生までの過程を理論化し、バブルの発生する条件を研究・検証した。

その好例である日本の資産（株・不動産）バブルの崩壊と、その後の経済再建に向けた国債バブルの発生がうまく説明されているとして注目された。

ティロールのバブル代替論（１９８５年）によれば、次のようになる。

①利子率が経済成長率よりも低い状況が続くときにバブルが生じる
②バブルの成長率が経済成長率の範囲に収められれば、破裂は回避できる
③すべての資産を足し合わせた「バブルの総和」の増え方が、経済成長と同率程度ならバブル間の資金移動等でバブル崩壊が避けられる。ひとつの資産でバブルが弾けても、別の資産のバブルによって代替される

現実はどうか？

米国でも「ITバブル」「住宅バブル」「原油価格など各種の過剰投資にともなうバブル」と「バブルのリレー」が見られ、米国では中央銀行がうまく動いて「次のバブル」に軟着陸させていた。

潜在経済成長率より金利が低くなり、ゼロに限りなく近づくと生まれるきわどいバブルはいくつもあり、破裂する前にバブルへの投資マネーは「別のバブル」を探して逃避するという話だ。

しかも、そうしたバブルの移動は国境を越える。

では、日本で中央銀行が抱え込んだ**「国債バブル」**が破裂すればどうなるか。

日銀の通貨価値の裏づけになっている日銀の財務諸表の資産の部が大量の国債漬けになっている深刻な状況からも、国債市場のトラブル（入札や償還に支障が出る）、通貨価値の下落（激しいインフレ）が将来的に予測される。

安全資産とされていた国債などから逃げ出す過剰マネーは、疎開地となる優良不動産に向かいやすくなるのは明らかだ。

日本の3バブルの膨らみ。バブルのリレーはうまくいくか

日本の現状は、繰り返し述べてきたように**「不動産」「株式」「国債」の3つのバブルが同時に膨らんだ**ようにも見える。

①金利と経済成長率

日本の潜在成長率は0・3％前後だ。自然利子率（経済の需給が見合う）の水準も0・3％程度だ。

本来は、金利をそれより上にしないと、ありあまった金は資産市場にばかり流れ込み、現在のような株価やマンション価格のバブルをつくってしまう。

潜在成長率を上げるには、生産性や企業競争力を上げ、設備や人への本格投資を引き出

す構造改革が不可欠である。

財政出動が景気対策になっているが、巨額政府債務を累増させるだけに終わっている。

②不動産のバブル

現状において不動産市場はバブル状況で、23区の新築マンションの平均価格は1億円を突破しており、不動産の最大の市場である東京で前回のバブル経済を超えている。

内閣府が2023年1月に発表した21年末の国民経済計算年次推計によると、固定資産は100・0兆円（5・0％）増加し、2087・6兆円となった。

23年末までの2年間で公的地価も引き続き上昇している。24年3月発表の公示地価も高値を維持した。

③株式のバブル

株はといえば、日経平均株価が前回のバブルでも達成できなかった史上初の4万円の大台を突破した。

東証市場（プライムなど3種）の時価総額は、1000兆円の大台を超えている。

④国債のバブル

国債の金利は十分に低く、価値は下がっておらず、1100兆円を超す既発国債市場は、日銀が大半を買い込んだとはいえ、バブル的な状況は続いている。

これは世界的に見て、バブルの孵卵器の役割を果たす特異な金融環境である。

①〜④から判断できるのは、「3つのバブル」の価格の調整は、現段階で金利復活以外は進んでいないということだ。また、この10年、「不動産」「株」「国債」のバブルは経済の成長力を超えるほどの速度で膨らんできたのは間違いない。

もともと日本は、家計の過剰貯蓄によって、財政赤字を埋める形で預貯金が政府に渡ってきた。この四半世紀は、利子率が低く、バブルが発生しやすい経済構造だった。

現状の日本の「3つのバブル」の膨らみようを点検すれば、すべてティロールの基準を突破しているようにも見える。それなら**バブル崩壊はいつ起きてもおかしくない**。

政府や日銀、それに市場(民間)の努力で、バブル間のリレーをうまくやって軟着陸させられるのだろうか。

「『バブルの調整役』である日銀こそがバブル」という状況

さらにいえば、いまはバブルの調整役である日銀の存在そのものが、バブルの状況になってしまっている。

ティロールのバブル論から40年近い。

当時はなかったマイナス金利や日銀による株式、不動産の「買い支え」、一定の価格水準で市場の国債を無制限に買い続ける指し値オペなど「想定外の禁じ手の業務」が次々と考案された。 よりによって、累積財政赤字が世界最高クラスの日本において、社会実験が行われてきた。

たとえば、GDPに比べた日銀のバランスシートの規模（GDPの130%）は、日本政府の債務を積極的に肩代わりした結果、米国の平時におけるFRBの資産の対GDP比（最大で4割）の3~5倍の規模に膨らんできた経緯がある。FRBが利上げを休止しても資産圧縮は続けているために、この先もその差の縮小は困難と見られる。

すでに、日本の政府債務である国債の半分以上は日銀が買っている。その残高は600兆円程度だ。

日銀が長年にわたってマイナス・ゼロ金利政策をやめないのは、政府が抱える世界最悪の政府債務の返済利息を下げ、日銀が資産の大半として抱え込んだ国債への政府からの利払いを下げるためでもある。

「バブルのリレー」への対策は、はたして準備万端か？

「国債バブル」が超低金利をテコに大きく膨らんだ。

一方で、家あまり・人口減少のなか、過去10年にマンションなどの不動産価格も大きく上がった。

「国債」と「不動産」「株」という巨大市場のバブルは息の合った並走状況だが、やがてバブルはリレー（代替）されるだろうか。

マネーがバブルを渡り歩くこと（代替）に失敗し、国債市場で弾けると大ごとだ。バブル警戒で不動産に流れ込んだお金はますます不動産に流れる。

政府債務はあまりに巨額である。

返済が難しい国債を日銀が資産の大半として抱えてしまったので、それが円の価値を弱め、財政懸念インフレの芽、いや素地はかなりできている。これは当たり前のことで、次の不動産バブルに向けて育っているというわけだ。

なぜ日銀券の価値の裏づけは、債務返済能力に欠ける日本国の借金（国債）なのだ。しかも超低金利である国債は、金融商品として見れば世界で有数の信用がある債券という証左でもあり、そこにも大きな矛盾をはらんでいるバブル状況なのだ。

そして、その日銀の仕事の重みは年々大きくなっている。

政府・日銀は「国債バブル」の崩壊は先送りしたいので、既発国債の価値が下落し、国債を資産として大量保有する日銀の財務内容に悪影響を与えるのは避けたい。だから、安易に利上げにも動けないのだ。

次に破裂するのは「国債バブル」のほうで、そのクラッシュ前であれば、代わって不動産や株がバブルとなって資金を吸収する。

「日銀の債務超過懸念」は、もはや日常会話に

「日銀のバランスシートを見ながら、不動産の売買を判断する」ということは、これまで素人には思いもよらないことだろう。

しかし、それが**もうすぐ当たり前のことになる**だろう。

ネット上でも書籍でも「日銀は1％利上げで赤字、2・5％利上げで債務超過」といった記事が散見されるようになった。

図表8　京阪神エリアの新築分譲マンションにおける地域別の供給戸数の推移と2024年の予測

地域名	2021年		2022年		2023年			2024年予測		
	戸数	構成比	戸数	構成比	戸数	構成比	前年比	戸数	構成比	前年比
大阪市	6,525	34.4%	7,167	40.1%	6,529	42.4%	▲8.9%	7,000	41.2%	7.2%
阪神間	2,094	11.0%	1,209	6.8%	925	6.0%	▲23.5%	1,200	7.1%	29.7%
神戸市	2,442	12.9%	1,506	8.4%	971	6.3%	▲35.5%	1,500	8.8%	54.5%
北摂	2,308	12.2%	1,803	10.1%	1,519	9.9%	▲15.8%	1,600	9.4%	5.3%
東大阪	780	4.1%	1,357	7.6%	936	6.1%	▲31.0%	1,000	5.9%	6.8%
南大阪	813	4.3%	439	2.5%	517	3.4%	17.8%	800	4.7%	54.7%
京都市	1,528	8.1%	1,973	11.0%	1,365	8.9%	▲30.8%	1,500	8.8%	9.9%
外周地域	2,461	13.0%	2,404	13.5%	2,623	17.0%	9.1%	2,400	14.1%	▲8.5%
近畿圏計	18,951	100.0%	17,858	100.0%	15,385	100.0%	▲13.8%	17,000	100.0%	10.5%

出所：長谷工総合研究所

日銀ウオッチャーの間でも、この先の日銀危機の際は「政府が日銀に公的資金を注入し、資本金を増やして債務超過が回避できる」「結局は政府の注入資金も国債頼みだから、国債市場の動揺に輪をかける」というような議論が続く。

カネあまり状況は極限まで達している。たとえば、日銀が民間金融機関に義務づける日銀の当座預金（民間銀行が預金する）への預金。当座預金なのに利息がつくため、必要以上に膨れ上がってしまった。

利上げで市場の通貨量を減らすには、500兆円を大きく超えるほど水膨れした当座預金の利子も上げていかないとまずい。

利上げが繰り返され長期にわたると、

日銀が赤字になる。

最悪の場合、日銀が債務超過を起こせば、信用不安や国債償還に支障が出る。

なぜなら日銀の資産の大半は日本国債になってしまい、利上げで日銀が資産として抱える国債は低利回りのため価値が減って含み損を抱えてしまう。

国際競争力が下がる一方、政府債務は積み上がる

現状では、大手企業は借金より多くの資産を有しており、金融機関からお金を借りてまで設備投資などで事業を国内で拡大しようとは思わない。家計部門も政府によるコロナ対策のバラマキの恩恵を受けて、2000兆円を超える個人資産を抱えている。

こうした状況は政府が借金をしやすい状況だが、政府債務が巨額すぎるためマイナス金利政策を導入した。国内の民間企業の投資意欲が低いため、企業に代わって政府が建設投資などで需要をつくる。政府債務の返済は後回しにされる。

一方で、日本は平均賃金で韓国に抜かれた。1人当たりのGDPも韓国の後塵を拝する。

そのうえ、日本の相対貧困率は米国や韓国より悪化した。

また、ダボス会議で知られるIMD（国際経営開発研究所）の**国際競争力調査では、日本は30位台後半で、すでにタイに抜かれている。**IMDの人材競争力では50位台に近い。両

図表9　東京圏の新築分譲マンションにおける供給戸数の推移と2024年の予測

	新規供給物件				前年繰越物件			合計			分譲中戸数
	供給	販売	販売率	（初月）	供給	販売	販売率	供給	販売	販売率	
2012年	45,602	41,049	90.0%	(76.3%)	6,166	5,372	87.1%	51,768	46,421	89.7%	5,347
2013年	56,478	51,763	91.7%	(79.5%)	5,347	4,972	93.0%	61,825	56,735	91.8%	5,090
2014年	44,913	39,345	87.6%	(75.1%)	5,090	4,616	90.7%	50,003	43,961	87.9%	6,042
2015年	40,449	35,165	86.9%	(74.5%)	6,042	4,895	81.0%	46,491	40,060	86.2%	6,431
2016年	35,772	29,873	83.5%	(68.8%)	6,431	5,170	80.4%	42,203	35,043	83.0%	7,160
2017年	35,898	29,858	83.2%	(68.1%)	7,160	6,094	85.1%	43,058	35,952	83.5%	7,106
2018年	37,132	28,783	77.5%	(62.1%)	7,106	5,903	83.1%	44,238	34,686	78.4%	9,552
2019年	31,238	24,321	77.9%	(62.6%)	9,552	7,374	77.2%	40,790	31,695	77.7%	9,095
2020年	27,228	21,372	78.5%	(66.0%)	9,095	6,046	66.5%	36,323	27,418	75.5%	8,905
2021年	33,636	29,617	88.1%	(73.3%)	8,905	6,076	68.2%	42,541	35,693	83.9%	6,848
2022年	29,569	25,637	86.7%	(70.4%)	6,848	4,861	71.0%	36,417	30,498	83.7%	5,919
2023年	26,886	22,493	83.7%	(70.3%)	5,919	4,025	68.0%	32,805	26,518	80.8%	6,287
2024年予測	**31,000**	**26,500**	**85%**	**(70%)**	**6,287**	**4,300**	**68%**	**37,287**	**30,800**	**83%**	**6,500**

出所：長谷工総合研究所

指数とも早晩50傑から落ち、アジアのお荷物になるだろう。

日本の文教予算は年間６兆円程度だが、年々削減されて現在は５兆円強だ。

一方で、防衛費は７兆円ほどに増えている。文教予算と防衛費が逆転したのは、２０２０年ごろだった。日本の大学の世界ランキングが落ちているのと同時並行だ。

国債を中心とした１２００兆円の政府債務の金利が平均３％まで上がるだけで、これを単純計算すると、利払いは毎年36兆円必要で、このほか元本も返していかなければならない。

日本のＧＤＰの国際シェアが世

界の2割弱から4％に激減する過程において、政府債務（国債等）は約2倍前後となった。**日銀が資産として持つ国債の量は、10年前に比べて3倍前後にもなっている。**

「住宅ローンはインフレに返させる」という視点

激しいインフレになった場合、**最強の資産は金（ゴールド）**だ。

そのため、かつて通貨やドルもその価値は金に裏づけられていたが、為替・通貨とも金本位制は崩壊している。金本位制時代は財政にも節度があったが、タガが外れた。

そもそも金は、ドルやユーロや円のように国籍を持たない本当のグローバルな無国籍価値通貨だから、個別地域の株や通貨、債券を買うのとはわけが違う。

ただ、中央銀行の発行する通貨は、価値の裏づけとなる金との交換（兌換《だかん》）はとっくの昔にやめてしまった。

金に代わって中央銀行の資産は、国債（政府債務）が増えており、その最先端を走るのが日銀だ。国債の山さえも、国の徴税権がフルに発揮されれば増税で返済できるが、日本のように極めて徴税力の脆弱な国もある。

日銀は、**株や不動産（Jリート）も大量保有する、世界では稀有な中央銀行**だ。

先端的、実験的で大胆な金融政策を誇ってきたので、国債バブルの崩壊を避けるため、あっと驚くような奇策も練っているはずだ。

世界でも突出した規模の資産を抱える中央銀行である日銀の資産は、今後も国債中心となる。

では、投資家が日本国債に対して疑心暗鬼になると何が起きるか。

日本国債の担保である日銀券の価値が動揺する。

そして**インフレが加速すると、住宅ローンもインフレが返してくれる**ことになる。

さらに激しいインフレが起こりそうになり、そのトレンドが止まらなくなると、最後は現在も返済が自転車操業になっている国債の償還に支障が出て、デフォルトとなる。

「国が借金をチャラにしてくる」とは、こういうことを指すのである。

年金原資をはじめ、さまざまな資産が国債によって運用されている。そうした資産が痛むと、物価が上昇し、年金も紙屑に近くなる。

たとえば、物価が100倍になり、それに沿って年金が増額できなければ、月5万円の年金は月500円の価値となる。「年金がワンコインなんてひどいじゃないか」とババを引くのがどの世代になるのかは、正確には予測できない。

バブル崩壊時点では、日本人はバブルが崩壊したとは思っていなかった。元大蔵省出身の経済学者である野口悠紀雄氏が1990年代に分析し、国民に広くバブルだとわかったのは２０００年ごろの話である。

第5章

ますます進化を遂げる米国の不動産テック

不動産テックで一歩も二歩も先を行く米国

米国では、インターネットによる不動産ビジネスの透明性が格段に高まっている。いまや専門家でなくともネット上の不動産情報を利用して物件の評価や閲覧、住宅ローンの用意ができる。売り手と買い手を引き合わせることも可能だ。それなのに、住宅用不動産の仲介・販売会社の数(最新データでは約56万2000社)は減っていない。

むしろ右肩上がりのようで、今後10年間にさらに5%増加すると予想されている。商業用不動産では業界全体の雇用者数も約400万人で、やはり増えている。デジタル技術で透明性が高まる新時代が到来したにもかかわらず、仲介手数料も依然、5%台で日本並みの高水準だ。

本章では、**米国の優れた不動産テック**について見てみよう。

不動産業界が人工知能を含む技術でさらに効率化し、手数料が引き下げられれば、業界に地殻変動を起こしそうだ。

仲介企業はチャットGPTで物件情報の作成やソーシャルメディアへの投稿、住宅ローン返済額の計算、不動産データベースの調査、農業など新分野の専門知識の収集などを行っている。

米国不動産市場のいま

インフレと好景気のなかで、米国の2024年は始まった。

米国も、株と住宅価格がバブル的な水準で、日本と同じ状況だ。

米国では住宅購入がますます困難になり、高金利と物件不足の影響で**一般的な物件購入に必要とされる年収がはじめて10万ドル（年収1500万円）を超えた**といわれる。

全米の年収（中央値）が9万9000ドル（1500万円に近い）と高額なのもびっくりするが、家賃も高騰し、ホームレス増加の要因にもなっている。

23年11月時点の中古一戸建ての価格（中央値）は39万2100ドルと、20年1月と比べ5割上昇したが、それでも年収中央値の4倍程度の6000万円にとどまる。

ムーディーズの調査では、収入に占める家賃の平均割合は22年に初めて30％を超え、23年も続いた。

とくにニューヨーク（64％）やマイアミ（42％）、ロサンゼルス（34％）など各地の大都市部では家賃負担が重い。

ただ、度々の利上げの影響を受け、米国の商業不動産の価格は揺れている。22年夏場がピークで、その後10％程度下落した。

在宅勤務定着のあおりを受けているのが商業用不動産市場だ。23年10〜12月期の全米オフィス空室率は20％弱にまで上昇し、過去最高水準となった。1990年代初頭に不動産不況に見舞われ、米銀の経営が悪化した際の水準を上回る。

今後、リース契約の更新時期がくれば契約が打ち切られ、空室率がさらに上昇することも考えられる。コロナ禍で在宅勤務が基本以上に浸透しているが、オフィスビルには大きな逆風だ。

サンフランシスコのオフィスの空室率は2019年に4％前後だったが、2023年には30％を超えた。サンフランシスコは沈滞都市と呼ばれるまでに至ったが、コロナ後も住宅産業は比較的堅調だ。

日本の住宅市場と決定的に違う点は？

米国ではコロナ禍が終わり、経済活動が活発になったが、インフレを抑えるため、2022年は度重なる利上げをし、23年7月以降は利上げをやめている。

利上げの結果、低利での借り換えが難しくなった商業用不動産の価格崩壊が始まり、債務不履行に陥るオフィスビルが続出した。

23〜27年には、約400兆円もの米商業用不動産ローンが満期を迎える。コロナ禍の超低金利で借りられていたローンを、4〜5%程度の高金利で借り換えなければいけないケースが増える。

もっとも、米国では利上げは小休止し、FRBは24年には利下げモードに入り、景気後退や失業率次第では3回程度の利下げが予想されている。

インフレでも堅調な米国の住宅市場は、年間400万戸売買される中古住宅に加え、100万戸以上の新築市場を有する。

移民の受け入れ人口も増えているため、住宅市場に大きな値下がりはないはずだ。**中古も手を加えれば、日本よりずっと高い価値で売買できる。**

この点が**日本の住宅市場とは決定的に違う。**

デジタルとリアルを結ぶ不動産ベンチャー

米国で不動産を賃貸・売買した日本人が驚くのは、**その物件に関する圧倒的なデータ量、情報量の多さ**だ。

ここが**日本の状況とは大きく違うメリット**だ。

電話や店舗、紙で掲示する物件案内といったアナログ的な不動産業務は、20年前の米国でも少なくなかった。

しかし、現在ではＩＴやＡＩなど、米国が得意なテクノロジーを使ってきちんと合理的に、理論に基づいて分析し、来店しなくても瞬時に顧客に届ける仕組みが整っている。

米国では、過去のすべての物件の取引のデータが無料で公開されている。

米国は**「不動産業者のほうが圧倒的に情報を握っている」という不動産業界特有の非効率で遅れた部分を解消することに世界に先駆けて大成功した。**

「ジロー（Zillow）」に代表される不動産ベンチャー企業が、デジタルとリアルを結びつけて急成長を遂げたのがこの20年の不動産業界史だった。

米司法省の英断で進んだ「不動産テック革命」の中身

米国では、２００８年に米司法省が、不動産業界（全米リアルター協会）が抱え込んだ物件情報の一般への公開命令を出した。

全米リアルター協会が不動産業務のＩＴ化に乗り遅れるなか、ジローは協会の管理するＭＬＳ（マルチプル・リスティング・システム：全米の住宅情報がつまったデータベース）を使って、インターネットを介した新しい不動産ビジネスを始めていた。

不動産を扱う資格を持つ売買業者が使っているＭＬＳは、全米リアルター協会の虎の子で、世界の不動産取引情報システムの手本とされてきた。

そこにはあらゆる不動産情報が掲載されており、新築時に遡って売買の記録とその価格をチェックできる。不動産ビッグデータの中心をなすのが、米国独特の不動産情報流通システムである。

ＭＬＳをフル活用したジローの新規ビジネスに反発するリアルター協会員が続々出てきた。なぜなら、彼らの仕事が脅威にさらされるからだ。

そこで、協会はいったん、インターネット上に情報を掲載することを禁止した。

だが、最終的には、協会がすべての情報をネット上に開示可能とする内容で司法省と合意を結ぶところまで追い込まれた。

ジローの**ＭＬＳの情報をベースに個別の住宅の推定価格を公表する**という大胆な挑戦は批判にさらされたが、司法省の思い切った判断で大きく普及する。

これによって、**不動産テックビジネスでは、過去に蓄積された不動産業界の情報を最新のＩＴツールに載せ、「新しいサービス」を次々と始めていった。**

ネット上の不動産広告や取引のデータをロボットによって大量に集めて蓄積するスクレイピングやクローリングのプログラムを書くことは、かつて高度な技術だったが、いまは容易になって、不動産ビジネスへの新規参入の敷居が下がった。

不動産のスタートアップは、**物件検索サイト、投資家向けのクラウドファンディング、**

不動産会社への業務支援ソフト開発、業務管理や効率化のツールなど幅広い。

米国で店舗型のセンチュリー21が新興勢力に手を焼くころ、日本ではまだ独立店がセンチュリー21の傘下に入ることがおしゃれに見えていた。

「ジロー」って何者？

ジローの本業は、住宅の売却や賃貸情報を掲載するサイトの運営などで、現在は幅広い事業を手がけている。主な収益源はエージェントと呼ばれる仲介業者からの広告収入だ。

ジローは登記情報や自治体の統計データをもとに、全米1億戸以上の推定住宅価格を無料で公開し、全米を驚かせた。

すると、狙いどおりサイトの利用者数は飛躍的に増加した。

ジローでは、AIやアルゴリズムを使って売買できそうな物件を不動産市場から探し出してくる。それは売買市場にないものが多い。

価格の推移や過去の売買履歴も公開されており、利用者は物件の売り時や買い時を自ら判断することが楽になった。

住宅売買だけでなく賃貸物件の扱いも開始し、同時に賃料の推定価格も公表した。

ジローが提供している住宅価格や賃料は、さまざまなデータを加工して独自の算定式をもとに算出する。

ジローはリスティングサイトを稼働させたあと、こうして次々と新機能を追加し、さまざまな助言で答えるジローアドバイスも登場させた。

２０１１年に上場を成功させ、資金力でライバルに差をつけると、さらなる成長を求めて数多くの企業を買収していく。地域的にも勢力拡大を目指して、全米各地で同業他社の買収も続ける。

とはいえ、ジローもすべての領域で独り勝ちができるわけではない。

「コンパス（Compass）」や「レッドフィン（Redfin）」などの若い企業が、ジローの祖業ともいえるリスティングサイトに攻め込んでいる。

このように、**「新しい不動産テックビジネス」でも大きな下克上が起きつつあるのが、米国の不動産業のダイナミズムの源泉**だ。

レッドフィンは仲介ブローカーにもなるなど、ＩＴ分野と従来のやり方を融合させて収益を引き上げている。

ＩＴで専門性を進化させ、取引スピードを上げる一方、細分化された不動産業務を幅広く行い、総取りしようとする動きも出てきた。

ソフトバンクと「ウィーワーク」が起こした「米国オフィス革命」の衝撃

米国では住宅業界だけでなく、10年ほど前から賃貸ビルにも異変が起こった。

リアルの不動産物件では、**フランチャイズ型のコワーキング・オフィスも近年急速に伸びた。**

「ウィーワーク（WeWork）」は最短1カ月から契約可能で、この短さが、賃貸期間が数年や十年以上にも及ぶ従来型オフィスビルの入居者を奪った。

ソフトバンクグループが買収したウィーワークは、資金力にものをいわせて多くの新興不動産企業を合併した。ウィーワークは、ＩＴサービス、福利厚生、税務、社会保険といった周辺業務も用意した。

とはいえ、固定席がなく、在宅勤務にも対応したコワーキング・オフィスは、主要都市には数が多いので選択肢が豊富だ。

ソフトバンクグループの資金力で、数々の不動産ベンチャー企業の買収を重ねてきたウィーワークは、創業から9年で、世界の80を超す都市に３００拠点を展開していた。

しかし、かねてから急拡大と借入金の多さが指摘されてきたウィーワークは、**急速な利**

上げ局面の2023年夏、経営破綻してしまった。

これも、**米国の起業ダイナミズムを示す事例**ではある。日本では起こりにくい。

ウィーワークのように、買収によって不動産ベンチャー企業の企業規模は急拡大した。不動産の仲介業者から物件情報を集めて、自社ポータルに掲載することで伸びた「ストリート・イージー（StreetEasy）」はジローに買収され、オンライン仲介業者のレッドフィンや不動産仲介のコンパスはメジャー企業に育った。

ソフトバンクグループの戦略的投資を受けた「オープンドア（Opendoor）」（オンラインの査定・買い取りサービス）も大きく育った。

ＡＩ（人工知能）によるベンチャー系の住宅価格の査定サービスも進化している。リアルである現場とデジタル空間（ＩＴ）を組み合わせた二刀流型の営業戦略で、旧来の店舗型仲介業者のシェアを奪っている。

誰でも驚くほど多くの情報を引き出せて、手続きも迅速化

実際に米国で不動産投資をした人は、「日本では売買に3カ月程度かかるが、米国では半月程度で済んでしまう」と言う。

荒っぽく言えば、**株を売買するような速いスピードで取引が成立することも期待できる。**

推定価格や周辺相場、物件の規格のほか、日本では知ることができない過去の売買履歴、納税記録、不動産相場を左右する学校のランキングなどがわかる。米国では教育・学校の評価が不動産市況に影響するのだ。

地域やその区域の不動産価格の長期トレンドも一発でわかる。

また、全米各州では標準的な固定資産税があり、そのうえで地域や都市によって税率が違ってくる。民間サイトでは、その税金の試算もしてくれるのだ。

このように、**実際に現地に行かなくても、買いたい人にとって必要な情報を得られるサービスが次々と登場**している。

米国在住経験がない外国人でも使いやすいのが**「MLS」**だ。

MLSは非常に詳しい個別物件情報データベースで、日本よりオープンな設計と運営であるため使いやすい。

そればかりでなく、MLSなどの情報をベースにした民間の不動産情報のオンラインサービスも、各社がいろいろな独自の付加価値をつけるなど花盛りだ。

MLSのデータの内容は、日本の類似システムである「レインズ」よりずっと豊富だ。

大きな違いのひとつが、物件履歴情報のボリュームで、売買中の全米の住宅の過去の取引履歴や物件属性といった項目が数多く含まれる。

米国の不動産仲介業は、ひとりのエージェント（代理人）が内見から契約までを一貫して担当する。デジタル仲介は業務プロセスを内見、申込、契約と細分化させ、迅速化させている。チームの営業プロセスを「見える化」するクラウドソフトウエアやモバイルアプリの徹底的な活用も特徴だ。

外国人による米国投資の出口を考えた場合、情報システムのMLSに物件を登録さえすれば、それを売買業者がチェックして、売却可能な相手先を探してくれる。

こうした**充実した不動産情報を使った不動産サービス業も、AIやIT技術により日進月歩で進化しているのが米国の特徴**だ。

米国では日本とは比較にならないほど多くの不動産情報を引き出せるため、それが遅れた日本に戻るとイライラするものだ。

「エスクロー」と「インスペクション」で安心・安全を担保する

米国では、不動産売買契約が成立すると、「エスクロー」を使って決済を行う。

エスクローとは、住宅市場における日本のヤフーオークションのような第三者的な機関だ。

買い手はエスクローのサービス会社に資金を支払い、弁護士が不動産の権利移転を進める。信託口座のように、公的で利用の安全性が担保される仕組みだ。

エスクローは、手付金や売買代金といった資金面の預託機能や支払いといった決済機能のほか、抵当権の解除や変更、登記の申請といった法的な業務まで担う。

米国では社会的にも認知されたエスクローによって、米国の不動産取引の公正性や情報の公開を担保しているといえる。

また、**住宅売買の8割が中古の米国**では、買い手が建物の不具合を見つける。

そのため、**傷み具合などを調べる検査制度（インスペクション）**もしっかりしている。

インスペクションにも過去の物件データの蓄積と公開が大事になる。

日本の場合、欲しいと思っても「インスペクションお断り」としている物件があり、たまげることがある。数千万円の商品がきちんとチェックできないとは恐ろしい。

なお、売り手が最終的に売り出し価格を決める場合は、日本の不動産鑑定にあたるアプレイザルを依頼することが多い。価格に信頼性をもたせるためでもある。

日本の不動産業界が後れをとる理由

日本では、建設・不動産市場はその巨大さにもかかわらず、業界には情報の非対称性、労働集約型の産業構造など、多くの非効率が温存されてきた。

不動産テックの世界においても、日本ではベンチャー企業の数が少ない。経済が成熟した結果、人口増加が止まり、不動産の主要領域で大手による寡占が進んでいるからだ。

日本の場合、不動産テックのベンチャー企業は100社に届かないとされる。リーマンショック時にマンション供給の中小業者の多くが姿を消し、不動産テックの世界で買収などを通じても、構造的に大手の寡占化が進んでいる。

その結果、日本で「不動産テック」と呼ばれている企業は、ほとんどが戸建て住宅系、賃貸住宅系に限られる。大手の力が強い売買領域でのベンチャーはほとんどなく、賃貸住宅など端っこのパイで存在感を示しているにすぎないようだ。

不動産会社からの脱サラ組によるベンチャーも少ない。主にポータルサイトを辞めた人たちが新しい不動産テックに挑んでいるだけだ。

不動産の情報開示の充実で知られる豪州並みの「住宅図書」をつくろうとしても、過去の売買価格からリフォーム実績などを公的に残していないから、空白の部分が続出してしまう。この分野の遅れは、当面は決定的な差のまま終わるだろう。

日本における不動産IDといえば、現状では行政などが空き家かどうかの判断材料のひとつに活用しているにすぎない。

日本で米国のような不動産テックは進むのか

日本でも米国のような中古住宅の流通制度の情報透明化や記録の保存化、不動産情報公開の全般的な改革が求められる。

しかし一定の進展はあったものの、**世界最先端を行く米国との差は広がったり縮まったりで、一歩進んで二歩下がる**感じだ。

米国の不動産市場は、外国人でも十分に理解可能なほど情報開示が進んだ。しかも、市場構造が合理的で、システムとして確立している。

しかも、米国の住宅の不動産取引は、8割は中古物件が占める。持ち主はリフォーム歴も反映する情報システムを意識し、家を最高の状態に保ち、その価値が維持される。

日本では新築信仰が根強く、リフォームしても欧米のように住宅価値が正当に上がらない。リフォームをしても販売価格に上乗せしきれないため、「リフォーム損」の状況も見られる。

日本でも最近はＡＩなどを使って自分の住むマンション価格を教えてくれるサイトが１００サイト以上も出てきたが、値付けは荒っぽい。

米国のサイトは、さまざまな点で日本より優れている。

過去の売買履歴など閲覧できるデータの質とデータ量が、米国のほうが圧倒的にぶ厚いからだ。

日本で不動産ＩＴベンチャーの役割を果たしてきたスーモとホームズは、売買・賃貸を合わせて、それぞれ数百万件の物件が掲載される巨大サイトに成長している。

30年以上前から米国のような方向を目指してきたものの、現時点ではとても追いつけていない。売り手も買い手も不動産会社に売買をお願いし、「名の通った大手に頼めば安心」という発想で満足している。

また、**米国では、金融緩和が極限まで進んだ日本のように、銀行ローンが住宅価格の全額つくことはない。**

多い場合には物件価格の7割から8割で、少なくても2割から3割の頭金が必要だ。

頭金の分があれば、地価が仮に下落しても、その時点で住宅を手放せば、ほぼローンから解放されるノンリコース型（非訴求型）の住宅ローンになっている。

ところが、地震で家が倒壊しても、どこまでも「全額返せ」と銀行がローン債務者を追ってくる日本では、ノンリコース型はほとんどない。

だから、住宅価格が下がっても、借りた金はすべて金利込みで返さなければならない。

「中古住宅に価値を求める欧米諸国」VS.「新築が大好きな日本」

日本では「レインズ」という国土交通省所管の不動産情報データベースに売り物件が登録され、業者などは閲覧できる。

ただ、日本においてはレインズに登録されない物件も多く、米国並みにほとんどすべての不動産が公開されているわけではない。

米国では不動産業者が販売物件情報を取得すると、24時間以内にMLSに登録する。公開情報は住所、面積、間取り、価格、築年数のほか、過去の売買履歴や過去の売買価格、融資履歴、リフォーム歴、固定資産税、登記情報まで載っている。

欧米や豪州では、きちんとリフォームすれば値段が上がる。**米国や欧州では一般的にちょっと古い住宅に住むことはステータス**でもある。

一方、**日本では木造住宅の建物の担保価値が20年あまりでゼロとなってしまう。**

立地にもよるが、一般に買う時点で土地の割合が6割前後を占めるが、その後、人口減地域は地価も下がってしまう。地価が高く建物も長持ちする都心のマンションに人気があるのは、こうした日本の構造問題が横たわっているからだ。

米国は逆で、土地の価値は基本的に3割程度にとどまる。建物が古くなっても、リフォームすれば、建物の価値が上がる。

それは、過去の売買事例やリフォーム歴など詳しいデータが残るシステムになっているからだ。うまく管理すれば、建物部分の価値は全体の7割ほど確保できる。

また、日米の人口増減の差は**「空室率」**に如実に表れる。

日本の賃貸住宅の空室率は全国平均で2割もある。東京でさえ1割を超える。

米国では新築供給が少ないため、増える人口は賃貸住宅が支えている。米国全体の空室率の平均は6％前後で、日本の3分の1だ。

空室率が低いということは、賃貸住宅の賃料を値上げしやすいということだ。

日本のように空室が2割もあるうえ、次々と相続対策の節税投資で新しいアパートができていくと、競争が激しくなり、古くなった賃貸マンションは家賃を値下げしても空室が増えてしまう。

第6章

韓国はどうなる?
迷走する「不動産の行方」と
前政権も窮地に追い込んだ
「ソウルバブル」

日本同様、厳しすぎる韓国の不動産事情

韓国も低成長の時代に入り、隣国の日本と中国の財政金融政策に目が離せない状況になっている。

前政権時代にマンションの売買実取引価格指数（2017年11月＝100）が149まで跳ね上がり、3年半ほどで首都のマンション価格が50％上昇したとされる。

また、一般の人が年収の30％を貯蓄し、首都ソウルに25坪ほどのマンションを購入するまでに計算上118年もかかるという。これは史上最長の数値となる状況で、政権批判の底流となった。

マンション価格はうなぎ上りとなり、**ソウルではとてもマンションを買えない状況**となった。東京23区のマンション1億円突破の現在より、ずっと厳しい現実だ。

少子高齢化も進み、人口減少に歯止めがかからない。受験地獄は日本より苛烈だ。サムスンなど世界的競争力を持つ企業に就職しようと、韓国の子どもは小さいころから壮絶な競争をする。**30代男性の未婚率は5割を超え、住宅市場にも暗い影を落としている**。

本章では、「チョンセ」という韓国独自の不動産システムなどを紹介しながら、韓国の不動産事情を見ていこう。

激しい不動産の暴騰と値下がり

韓国では2021年初頭まで猛烈に不動産の価格が上がった。ムン(文在寅)前政権の時代だった。20年前と比べると、ピークで4倍前後になった。韓国も世界的な金融緩和の流れに浸っていたからだ。

過去に住宅を手に入れた層では、値上がりを喜ぶ人も少なくない。

だが、**庶民にとっては、ソウル中心区の不動産はとても手が出ない高値になっている。**

このため、政府はあらゆる政策で不動産の暴騰を防いだ。不動産政策が支持率を左右し、日本のバブル崩壊後のように、うまく政権運営ができなくなっていたのだ。

韓国では不動産が値上がりすると、国民の政権への支持が減少する傾向が出ている。

韓国では、不動産市場の問題が日本より大きいため、世界的な金融緩和でソウルの不動産相場が暴騰したことに対して、国民は政権支持率を下げることで抗議の意を示してきた。

ムン前政権はマンションなど住宅に対する課税を強化したが、これも不人気となった。

政府は複数の家を持つお金持ちに重税を課して住宅の市場への供給増を目指した。結果はそうとはならず、お金持ちは政権の交代を促した。

中央銀行の韓国銀行は、20年中ごろから1年あまり、政策金利を0・5％に抑えてきた。ところが不動産の高騰が批判され続けた21年8月には、いっきに0・75％に引き上げた。韓国銀行の政策金利の拙速な引き上げは、不動産漬けとなった家計を直撃し、家計が支払う金利負担が重くなり、22年にはついに韓国のマンション価格が大幅下落を始めた。

韓国のメガバンクに当たる大手銀行5行の貸出金利は、22年には3・6％程度のときがあったのに、1年後には最大で8％を超えた。

1年間で2倍以上に住宅ローン金利が上がれば、不動産価格は下がる。21年までうなぎ上りだった韓国不動産の相場がその年に下落した。

この結果、韓国は、22年12月に全国マンション売買価格指数が前月比で3％も下落した。この下げ幅は歴史的なもので、韓国不動産院が統計を公表し始めた2003年以来、最大の下落幅だった。

借金体質の韓国の家計、それに住宅投資家は、金利が上がると住宅ローンなどの支払いが苦しくなる。

需要が落ちてマンションが売れなくなり、相場がストンと下落する。

政府が火消しをするも、経済の不安定は免れない

こうした混乱を経て、韓国の新政権は2022年12月末に新政策を発表し、不動産価格を維持するため、住宅ローンで家を買う人のローン比率をさらに緩めた。

そのうえで、不動産の譲渡税や不動産の総合的課税、取得税の重課税負担を軽減した。ソウルなど価格が大きく下落している地域に対して、特別な救済策も発表した。

しかし、これまで上がり続けていたので、今後も一定の価格調整は避けられない。中央銀行もかなり金利を引き上げてしまったからだ。

韓国もバブル前後の日本と同じように、不動産への過剰投資とその火消しに回った政策が経済の安定を狂わせてしまったのである。

さて、筆者は20年近く前に『地価「最終」暴落』という本を出した。

韓国のマスコミから**「これは韓国で近未来に起こること」**といわれ、テレビ局などの取材が数多く入った。

『地価「最終」暴落』（光文社）はA4サイズ以下のペーパーバックだったが、韓国では翻訳版が、大型サイズのぶ厚い表紙の大作に仕立て上げられ、増刷もされ、よく売れた。

その20年後、**やはり韓国の不動産は日本の不動産と同じように、首都だけが異常に高騰**

してしまった。

ソウルと東京、教育と住宅の負担が突出する共通点

日本、韓国、中国の経済の歪みには共通点があり、いずれも**家計が関係する教育と不動産の市場**である。その歪みがもたらす「社会的コスト」は大きい。

政府、企業、家計が同じ方向を向いてしまいがちな特性があるのか、バブルが膨らむと大きくなり、その後遺症も大きい。

日本と韓国で経済や不動産市場が似ている点は、**出生率の低迷、少子高齢化の進展で総人口が減り、将来的に人口増加による不動産需要の増加が見込めない**ことだ。しかし、**両国とも首都圏への人口流入が著しく、それが首都の不動産市況をいっきに押し上げてきた。**

韓国の総人口は、日本の半分弱だ。

韓国首都圏はソウル、仁川広域市、京畿道で構成され、面積は全土の1割強だが、人口は全国の半分を占めている。

塾も大企業も大学も個人の住居表示も、ソウルと名がついてやっと一人前という状況だ。地域内の総生産も5割以上が首都圏で生産され、**韓国経済はソウル次第**となっている。

韓国では中国ほどではないが**「マイホームは男が買うもの」**という考えも残っている。これは韓国社会を動かしてきた儒教文化で語られることが多い。

しかし、最近では儒教文化で家を建てさせるのは限界なのか、男性のほうが家庭を持つことに対して消極的である。これも日本や中国と似ている部分かもしれない。

韓国のソウル一極集中は、極端な少子化と不動産市場の暴騰（とその後の下落）にもつながっている。経済成長が止まり、地価が上がり、少子化が進むのはソウルも東京も北京も同じだ。

韓国全体では人口が減っているのに、ソウルだけは人口が増える。

しかし、少子化が進むソウルの2023年の合計特殊出生率は、現在0・55となっている。

韓国は超受験社会で、少子化が進んでも競争は熾烈だ。韓国社会の学歴信仰の弊害はかなり大きく、国民を疲弊させている。

このあたりも中国と似ているが、中国は強権国家なので、塾の一部を停止したり、対策を打ったりしている。韓国はそれすらもできない。

激烈な「教育地獄」は中国をしのぐ

韓国が中国や日本と似ている点は、**「子育てにはあまりにもお金と時間がかかるので、子どもは1人で十分」という親の本音**だ。

ごく一部の財閥系大企業と、それ以外の中小企業との賃金格差は2倍以上で、格差は解消できていない。

このため、若者たちは狭き門の財閥系列企業への入社を目指し、その前段階として、**世界一激しい受験戦争が繰り広げられる**のだ。

韓国で問題になっているのは「教育貧民」で、親が教育費をかけすぎて、家計が破綻しそうになるという現実を指す。

韓国の家計は、もともと消費性向が高く、米国以上に借金依存の傾向がある。

受験戦争を勝ち抜き、大企業に入れても、今度は「マイホーム取得」という難関が立ちふさがっている。

マイホーム取得も、結婚や家族形成の障害になっている。

最近は、韓国銀行（中央銀行）の急速な利上げにともなう金利の上昇などで全国のマンション価格は下落しているものの、住宅ローンの金利は上がっており、若者にとってマイホームを持つ夢は実現が難しいままである。

韓国でも、少子化対策は勝ち組の教育支援に偏っており、「パパ育児休業ボーナス制度」など、日本より先を行く手厚い支援も多い。子育てや教育で厳しい思いをしている層を支援しようという発想のようだが、少子化対策の切り札にはなっていない。

30代の男性の未婚率は5割を超えており、ソウルでは男も女も30代は独身で働くことが優先されている。進学率は女性が男性を上回っており、「お金も学力も女性にはかなわない」と感じる男性が多いようだ。

また、日本と同じように、韓国では独身者に対する支援が何もないため、日本より少子化が進む要因のひとつとなっている。

韓国の2022年の出生児数は24万9000人となり、2012年の48万5000人と比べて半分にまで減少している。

賃貸でも分譲でもない、家賃なしの「チョンセ」とは?

さて、韓国と日本の経済は比較されることが多いが、両国の不動産事情の違いについては知らない人が多い。

韓国独特の不動産制度に、**賃貸と所有を組み合わせたような「チョンセ」という家賃制度**がある。これが韓国の不動産事情をより複雑にし、韓国の不動産市場を乱高下させる要因のひとつになっている。

チョンセは、住宅の借り主が家賃の代わりに物件価格の5〜7割程度のお金を保証金として預けるというユニークな制度だ。**最初に支払う額は大きいが、月々の家賃を支払う必要はなく、退出時は保証金が返ってくる。**

チョンセの保証金の額は、金利水準や住宅市況に合わせて決まるが、最近ではおおむね**物件価格の7割の水準**になっている。

貸し主（オーナー）は、受け取った保証金をさまざまな形で運用する。保証金を頭金にして新たにローンを組んで別の不動産を買い、それをまたチョンセとして保証金を回収する……というようなことを繰り返すのだ。このチョンセを使って住宅を複数軒持つことが流行となり、近年の韓国の不動産バブルの立役者になった。

日本人にも「賃貸と所有を混ぜたチョンセを買いませんか？」という投資の誘いがある。

しかし、韓国も世界経済の流れのなかで、日本のように家賃を支払う賃貸物件（ウォルセ）が増え、韓国独特のチョンセの運用益は減ってしまった。

チョンセ相場が下落すれば、貸し主は身動きがとれなくなる

物件価格とチョンセ価格の差額を狙って、マンションを購入する投資法がある。

たとえば、5億円の中古マンションに借り手が4億円のチョンセを支払って住んでいる場合、1億円の差額を払えばマンションを手に入れられる。**賃貸住まいからマイホームに変更できる**のだ。

チョンセの相場は上下する。**物件価格とチョンセ価格の差が最小となる時期を利用するのが、韓国特有の「ギャップ投資」**だ。

不動産とチョンセの相場をにらみながら、マンションの価格とチョンセ価格の差額が小さい物件を狙っていく。

しかし2022年から、絶対に値下がりしないといわれたソウルのマンション価格が下がりはじめ、資金繰りのよくない貸し主から、支払ったチョンセの保証金を返してもらえない借り手（住宅投資家）が急増した。

不景気や金融緩和で不動産以外に投資先が乏しい場合、チョンセの貸し手は巨額の保証金の運用が難しくなる。

これは**チョンセの相場が、株のように変動する**からだ。

不動産価格の下落を反映してチョンセの相場が下がれば、出ていった借り主に代わって入ってくる新たな借り主から高いチョンセ代をとれない。

貸し主は、チョンセの保証金をベースに自身もギリギリまで住宅ローンを借りていることもあり、金利が上がると身動きがとれなくなる。

日本と韓国、類似点と相違点

このように、チョンセという波乱要因がある韓国不動産に投資することには、独特の難しさがある。

もちろん、**韓国にも日本や中国に似た強い「持ち家志向」**があり、家計の消費構造は、不動産を中心に将来を先取りしたものになっている。

おまけに**韓国の家計は、クレジットカードと借金に依存する米国型に近い**のだ。

しかし、政府部門の対ＧＤＰの負債は日本より少ない。

つまり、**日本では「政府」が借金して経済を回し、韓国では「家計」が借金して経済を回している**ともいえる。

しかも、両国とも経済成長は鈍化しており、その結果、生産やサービスの創出に必要な投資に資金が流れることは少なく、あふれたマネーが不動産に回る点は共通だ。

国民の最も高額な買い物が持ち家なので、不動産の高騰には、最終的に中央銀行が金利の引き上げで対応することになる。

日本と韓国は、教育費と住宅費が高すぎることで少子化が進んだ。

第7章

中国はどうなる?
日本の「失われた30年」とソックリだ

日本のバブル崩壊後の道をたどる中国

中国では、いまの不動産不況が始まる前の2020年、新型コロナウイルス対応の金融緩和であふれたマネーが不動産市場に流入し、住宅価格を一段と押し上げた。コロナ対策の財政出動が不動産市場を下支えするどころか、高騰させた。その後はゼロコロナ政策の撤廃で、中国の不動産不況は深刻化し始めた。

リーマンショック後、世界経済の牽引車となるべく、中国は借金を増やして不動産やインフラへの投資を積み増し、GDP（国内総生産）成長率を高めたが、その無理がたたっている。

かつての日本のように、不動産危機後は金融危機がセットでやってくるものだ。中国の不動産のバブル崩壊も、日本と同様に人口減少、高齢化の節目で起こった。

中国の不動産バブル崩壊は国難であり、冷え切った経済を立て直すため、政府投資を増やしている。その結果、国債増発によって債務残高が増えた点も、日本のたどった道に似ている。

中国の政府関連の債務残高の合計は、GDP比の3倍近いと推計される。不良債権など抜本的な問題処理が先送り含みのところも、かつての日本と同じ状況だ。

中国経済と人口動態の現状は、「失われた30年」の日本の姿の「ソックリさん」だ。

マンション「青田買い」の大きな誤算とリスク

中国では一般に、新築マンションの購入契約は建設計画の段階で結ぶが、日本とは異なり、この**契約時点で銀行ローンを組んで購入代金全額を支払うのが普通**だ。これが多額の前受け金となり、積極経営をしてきた中国のマンションデベロッパーたちの資金繰りを助けてきた。

過去数年の不動産不況で、自分の買った物件が建設中に工事が止まるケースが相次ぎ、住宅ローンの返済をめぐって訴訟が頻発している。

日本においても「青田売り」といって、マンションを着工前に売り出すことはよくあるが、中国では工事が止まってしまうのが怖いところだ。

最近も、建設途中の高層マンション群が完成できないため爆破・解体処理されるなど、中国の「不動産バブル崩壊」は日本よりずっとスケールが大きい。

消費者は引き渡し不能リスクを意識し、未完成住宅の「青田買い」を手控える動きが広がった。**中国では資金繰りに行き詰まった不動産開発会社が建設途中でプロジェクトを放棄し、ゴーストタウンが続々とできた。**

オフィス空室率も、新型コロナを徹底的に抑え込もうとした「ゼロコロナ」の政策下よりも悪化している。

中国の4大都市である北京と上海、広州、深圳の高級オフィス空室率は2023年、前年同期から軒並み悪化した。空室率が最も高い深圳では30％に迫った。不動産価格の上昇に依存した成長モデルの限界が示されたといえる。

巨額の負債を抱える「恒大集団」「碧桂園」などの大手企業

中国のデベロッパー最大手だった「恒大集団（エバーグランデ）」の純資産は、最盛期には約38兆円まで膨張した。

だが、**不動産関連で何らかのデフォルト（債務不履行）済みの企業の総資産は上位10社で100兆円を超える**と推定される。

恒大集団が2022年末時点で抱える訴訟案件は計1519件、3953億元（8兆円程度）にのぼる。その多くが未払いの建設・資材代金の支払いなどを求める訴訟だ。

そうしたなか、23年10月末、中国の不動産最大手である「碧桂園（カントリーガーデン）」が発行したドル建て債券がデフォルト（債務不履行）となった。碧桂園は30兆円近い負債を抱えたという。

中堅の「遠洋集団」の資金繰り難も表面化した。**オフィスがあまって居住用途に転換さ**

れれば、ただでさえ需要が振るわない住宅の相場を押し下げる可能性がある。

中央銀行の中国人民銀行は23年、利下げのほか、不動産の規制緩和など需要刺激策を打ってきた。すでに貸し出したローン金利についても引き下げるよう銀行に促した。

その背景には、ローンを嫌う購入者の前倒し返済を抑えるという銀行経営への配慮もある。大手銀行などは利ざやを確保するため預金金利も下げた。

経営再建中の恒大集団をめぐり、河北省を地盤とする滄州銀行で23年10月に取り付け騒ぎが発生した。恒大に多額の融資をしているとの不確定情報がネットで広がり、預金者が支店に殺到したのだ。

同行は火消しのために声明を出し、実際の恒大への融資額は3億4600万元にすぎず、ネットに出回った融資についての詳細なリストについては「非常に不正確だ」と表明した。

こうした不動産不況の深刻化から、中国政府や中国企業の債券格付けの格下げの動きが起きた。

中国のマンションは、都市の規模や物件に応じて価格や人気が二極化している。まるで東京やソウルのようだ。

長引く深刻な不動産不況の対策として、銀行は23年、購入額に占める頭金の比率や住み替え時の住宅ローン金利を引き下げた。

たとえば、1軒目の頭金比率を最低20％とした。

不動産シンクタンクの易居不動産研究院によると、主要20都市のうち北京や上海など経済規模が大きい7都市は、最低比率を30～35％に設定していたが、残る13都市はもともと20％だった。

引き下げ余地がある分、大都市では買い手が目先の負担軽減を実感しやすく、マンション販売に追い風が吹いている。

株価も低迷し、「日本化」が懸念される中国経済

香港市場に上場する中国本土株の低迷が止まらない。

香港株式市場のハンセン指数は、2023年まで4年連続で下落を続け、すでに4割も下げた。このため、上海と重複上場する銘柄は香港では5割も安い。売買の一時停止措置も珍しくない。

避難先は、ついに日経平均株価が4万円を突破した日本の株式市場で、日経平均連動型のETF（上場投資信託）などに資金が流れる。

中国株はコロナ明けで上昇するかに見えたが、出口の見えない不動産不況に加え、幾重にも重なる債務問題もある。

不動産会社のほか、不動産に融資する銀行、中国企業の巨額な社債償還の到来、さらに地方政府が抱える巨額の債務は実額がつかめず、人口減、物価の下落などが、経済や株価のマイナス材料となっている。24年は不動産業向けの融資を抱える中国の金融機関が融資先を清算・破綻させる姿勢に転じている。

消費者物価指数（ＣＰＩ）の上昇率は23年7月にマイナスに転じ、デフレへの警戒も高まってきた。

中国は日本の来た道をたどろうとしているのか。**不動産バブルの崩壊などを背景とする需要不足で物価に下押し圧力がかかり、低成長と低インフレから抜け出せなくなるかつての「日本化」が進行している。**

デフレ下で起きるのは物価や地価の下落だけではない。企業収益は悪化し、その先には賃金の減少が待つ。いわゆるデフレスパイラルの発生だ。

中国では米国との貿易紛争もあり、企業のスパイ行為の摘発対象を広げた反スパイ法を強化した。中国の富裕層が資金を外国に移し、日米欧の不動産や金融資産にシフトしている。

中国政府が米国債を売ることも目立ち、人民元を買い支えている。

不動産デフレが安い中国製品の輸出をドライブ

　このところの中国の需要不足による物価の低迷、価格が下落した商品群の輸出が広がると、新たな貿易摩擦の火種となる。

中国は不動産の低迷で内需が冴えず、製造業は在庫が過剰で、**「デフレの輸出」**に隣の日韓両国やアジア諸国、そして欧米までおびえている。

　中国が在庫品を安く海外で売りさばき始め、鋼材や家電など、品目によっては7割程度も下落している。デフレからの完全脱却を果たす日本にとっても気になる材料だ。

　2023年末の日本経済研究センターの発表によると、中国で不動産バブル崩壊などの金融危機が起きれば、中国でも実質1％の低経済成長時代が定着し、35年までに名目GDPを2倍にする政府目標の達成は厳しくなる。

最悪の場合、27年に実質ゼロ成長に落ち込むと予測されている。

　不動産不況で財政余力は低下し、地方の隠れ債務の火種となって、中国の国債の格下げ圧力が強まっているという。

　中国の家計もデフレに襲われ、23年11月の消費者物価上昇率は0・5％に下落し、過去の日本のような人口減少をともなう長期デフレと停滞が予測されている。

若者などの雇用不安が購買力に影を落とし、独身デーの消費も盛り上がらなかった。賃下げも普通のことになってきたようだ。

中国から逃げ出す富裕層の姿も注目される。中国マネーに見切りをつけた富裕層は、金（ゴールド）の購入に走っている。

少子化が急速に進む中国の人口は22年から減少し始めた。豊富な若年労働力がGDPを押し上げる効果を持つ「人口ボーナス」は約10年前にピークに達した。

中国の出生数は史上最低を更新し、23年には建国以来初の出生数900万人割れを起こした。**一人っ子政策のツケは重く、いままでのような経済成長は見込めず、若者は将来不安が拭えない。**

23年も2年連続中国の総人口が減り、高齢化が進み、お金も人も一部の大都市に流れていく。

これは日本のマンション市場において東京都心や湾岸エリアの取引が多く、そこに建つタワマンの値上がり率が高いことに似ている。

日本のバブル崩壊を研究してきた中国だが……

不動産が経済を座礁させる中国の現実は、**1990年代、株と不動産のバブルの崩壊で**

日本政府が味わった不況と似ている。

中国政府はすでに、隣国日本の「失われた30年」の状況を研究し尽くして、その轍は踏まないはずだった。

しかし現実には、出生率は日本並みに落ちた。一人っ子が中心で、若者の失業や晩婚化も進んでいる。

2024年1月、中国統計局は**中国の人口が2年連続で減少**したと発表した。22年の減少は61年ぶりだった。21年の18～49歳の出産適齢期女性の出生子ども数の平均値は1・15レベル。20年における日本の合計特殊出生率である1・33と同等の水準にある。

中国の消費者にとって不幸だったのは、持ち家以外の財産の運用市場が極めて限定的であり、13億人が不動産市場に殺到する構図になってしまったことだ。

しかし、これは考えてみると、日本の経済モデルのコピーでもある。

日本もバブル経済時代から、家計の投資先が不動産（持ち家）に集中するという歪んだ構造を米国など国外から指摘された。中国はそれに輪をかけてひどい。

中国のＧＤＰ比の政府債務残高は過去10年で2倍に増えた。これは日本に似ている。

中国で住宅購入の中心である25～34歳の人口は、2010年代後半にピークを迎え、不動産不況のタネがまかれていたようだ。

日本で団塊の世代らが住宅購入の主力となる35〜44歳になった1990年ごろに株バブルが崩壊し、2年後の不動産バブルが崩壊した姿とも重なる。

中国では、相次ぐ利下げを受け、住宅ローン金利は22年後半から過去最低を更新しているが、刺激策とはならず、住宅販売は落ち込みが続く。

個人ローンは金利に敏感なため、金利低下局面で借り入れを様子見する動きが出やすい。**「人口減少で経済が縮小していく」という見通しが強まれば、投資や消費が抑えられ、さらに物価は下がる。**

過酷を極める中国の若者事情

中国では、数年前からこうした現実に背を向け、**公園で寝ころぶだけの「寝そべり族」**が現れている。

受験戦争、有名大学卒業、有名な就職先を決めて海外旅行、マイカー取得、そのうえで1億円を超えるマイホーム資金を貯めるには、親がかりでもうまくいかない。**それらを諦め、激しい競争に背を向けたライフスタイル**を指す。

中国政府は強権国家なので、現在の中国の社会を突き崩すような社会現象は放っておかないのだが、「寝そべり族」は大目に見られてきた。

デモもせず、大空に向かって脱力するだけの若者は、ギリギリ許容範囲なのか、不満分子扱いとはならなかったのだ。

中国では、韓国と同様**「家を用意できない男とは結婚しない」**という風潮がまだ残っている。**家を買えるかどうかには、よりよい就職先にたどり着けるかどうかが影響**する。

中国は一人っ子政策の結果、受験戦争が韓国並みに熾烈となった。親は持ち家取得の次に一人っ子の教育に血眼になる。

その結果、子どものほうも「よい就職先でなければ、就職浪人する」のが当たり前になりつつある。学生には、韓国や日本と同様に**「大企業信仰」**がある。

中国では、若年層の雇用悪化に歯止めがかからない。

16～24歳に限った6月の失業率は政府統計でも2割を超え、過去最悪の更新が続くが、実態はより深刻だ。

卒業後、しばらく就職浪人の道を選択する若者も少なくない。

卒業後に職につかない学生の一部は、失業率の統計に含まれない。

「隠れ失業者」と定義して労働力人口に含めると、潜在的な若年失業率は5割に近いという説もあり、それなら政府統計の2倍になる。

2023年夏の学部卒業生や大学院修了生は1150万人程度で、過去最多だった。景気の停滞で就職難が深刻化しているだけではない。**大卒生は賃金が高いホワイトカラー志向が強く、人材不足に悩む工場現場などへの就職を避けがちだ。**

その結果、大学を卒業したあとに自宅にこもる若者が増えている。

中国語で**「慢就業」**（卒業後もあわてずにゆっくりと仕事を探して就職する）と呼ぶ。言葉の響きは悪くないかもしれないが、親のすねをかじり続けるニートに近い。

中国では、日本と同じように大学を増やしすぎたこともあって、若者の失業率は一般の2倍程度で、大卒の若者の3人に1人しか就職できない。

これも、日本と似ている「過剰」という側面だ。

中国では結婚出産適齢期である若年層の雇用環境が悪化し、1990年代以降の日本のように、婚姻率や出生率の低下を通じて少子化に拍車がかかる。

土地が頼りだった地方財政も、不良債権の山を抱えて崩壊寸前

中国特有の問題として、**地方財政問題**もある。

中国は**社会主義の建前上、私有地は原則として認められず、政府や地方政府から70年の**

借地権として利用するのが建前だ。

地方政府の財源調達の多くは、原則70年の土地使用権を民間に売ることで成り立っている。

しかし、このところの不動産不況で収入が激減している都市も少なくない。各都市が競って再開発を進めたため、全国各地にゴーストタウンが生まれている。予算枠はあっても、企業などへの支払いが滞っている。

地方財政の要だった土地使用権の売却収入が半減し、財政余力が低下、**地方政府傘下の投資会社に対する資金支援が難しくなっており、債務不履行（デフォルト）懸念が浮上している。**

中国の金融市場で、いま最も注目を集めているのが、地方政府傘下の投資会社「融資平台」の債務不履行懸念だ。もともと道路や橋の建設など、採算のとりづらいインフラ事業のために設立された。

それでも、銀行や債券市場から低利でお金を調達できたのは、地方政府が資金返済を保証するという暗黙の前提があったからだ。ところが、土地使用権収入の激減で地方政府の資金支援余力が低下し、この前提が崩れつつある。

融資平台の債務残高は２０２２年末で約47兆元（約９４０兆円）もあり、その額はＧＤＰの４割近くに達した。

2023年の債務残高は66兆元（約1320兆円）に達し、**国際通貨基金（IMF）は27年には100兆元（約2000兆円）を超えるとの見通しを示している。**

デフォルト懸念が浮上しているのだから、貸し付けた銀行は気が気ではない。

万一、デフォルトが現実になれば、不動産不況の第2弾となり、金融システムを大きく揺るがしかねない。

天津がダメなら豊洲を目指す中国マネー

不動産と建設・住宅投資で経済を回すという、日本がつくった独特の開発成長モデルを中国は極端な形で推し進めてしまった。

沿岸部の大都市でも、天津などでは給与の削減が始まっている。賃金の支払いの滞りも話題になることが多い。

天津では、湾岸エリアに巨大なオフィスビルが次々と建築されたが、工事が中断し、ゴーストタウンのように見えるところもある。

ビルが建つはずだった場所は、空き地や駐車場になっている。

「中国のマンハッタンにする」という意気込みで、117階建ての超高層ビルに建設費1兆円が投じられたが、不動産不況に直撃され、工事は頓挫した。

中国は、国営企業を中心とした中央集権的な統制経済を半世紀以上維持してきた。地方政府は土地の使用権を民間に切り売りすることで、それを予算源として財政を回してきた。地方都市は不動産以外に目立った産業がない地域も多く、不動産の長期低迷は地方経済を一段と疲弊させ、地方政府の財政難に拍車をかける。

米国との貿易摩擦もあり、23年9月は中国から海外への資金流出額が約8年ぶりに大きな規模となった。

その理由は、中国企業による海外投資、中国に進出した外資系企業の撤退、外資系企業の事業縮小、資産の売却などの可能性がある。

中国の富裕層が資金を外国に移し、日米欧の不動産や金融資産を買っているという現実もある。

中国では、不動産不況の真っただなかで、不動産を持つなら中国以外という流れがある。それが日本の東京の湾岸エリアにも流れ込んでいるのだ。

中国にもある「非正規労働」問題

かつての日本企業が続々と中国に進出したのは、中国の労働コストの安さからだったが、その安さの大きな理由は中国の戸籍の二重性にある。

中国の戸籍には、都市戸籍と農村戸籍の2種類があり、**農村戸籍保有者が「農民工」として大都市に出稼ぎに出ると、教育、医療、社会保障など、あらゆる面で都市戸籍保有者よりも不利な状況に置かれる。**

彼らは給与も社会保障も十分でなく、「安い中国」のために酷使され、人身御供《ひとみごくう》になってきたようにも見える。

現在の中国では、1億円のマンションを買える人も大変、買えない人も大変という状況だ。これればかりは、お隣の日本や韓国でも似たようなものだ。

第8章

日本は「空き家天国」か、それとも「空き家地獄」になるのか

全国一の空き家数を誇る世田谷区

本章では、話を日本に戻そう。

現在の高齢者がマイホームを購入した半世紀ほど前は、湾岸が超人気エリアとなり、タワマン投資ブームが起こるとは誰も予想できなかった。そもそも湾岸開発地の大半には、タワマンも存在しなかったのだ。

その代わり、郊外に魅力的な住宅街が広がり、人口増や値上がりも期待されていた。そのひとつが23区の南西の果てにある世田谷区だ。高級住宅街の代名詞とされたが、いまや空き家数が全国の自治体で一番多い空き家都市になってしまった。

少子高齢化などの影響で、全国的に見ても、**安い空き家、タダ同然の家賃の空き家は今後、1000万戸、2000万戸と増えてゆく**。しかも都市部が中心だ。供給が過剰なので、賃料も価格も大幅に下がる。しかも、更地で買うよりずっと安い。

将来的に、空き家を中心にお買い得物件は増えてゆくだろう。

本章では、日本の空き家問題を中心に、都心以外の狙い目エリア、中核市、中核市候補、中核市予備軍などを紹介する。

空き家を利用した新しいビジネスについても考察したい。

玉石混交の中核市、狙い目はどこ？

東京23区の新築マンションの平均価格、都心3区の中古マンションの売り出し価格がともに1億円を突破しても、持ち家を諦めることはない。

東京圏（東京都、神奈川県、埼玉県、千葉県の1都3県）は3000万人以上の人口を有し、東京圏の自治体の人口減少率も全国的に見てまだまだ低い。

全国でも名古屋や大阪のほか、札幌、仙台、広島、福岡（この4都市は成長が著しく、「札仙広福」と呼ばれる）、また、30万人以上の県庁所在地や、人口が原則として50万人以上を有する中核市の不動産にも可能性がある。

それでは、中核市をリストアップしてみよう。

全国の中核市一覧

旭川市、函館市、青森市、八戸市、盛岡市、秋田市、山形市、福島市、郡山市、いわき市、水戸市、宇都宮市、前橋市、高崎市、川越市、川口市、越谷市、船橋市、柏市、八王子市、横須賀市、富山市、金沢市、福井市、甲府市、長野市、松本市、岐阜市、豊橋市、岡崎市、一宮市、豊田市、大津市、豊中市、吹田市、高槻市、枚方市、八尾市、寝屋川市、東大阪市、姫路市、尼崎市、明石市、西宮市、奈良市、和歌山市、鳥取市、松江市、倉敷市、呉市、福山市、下関市、高松市、松山市、高知市、久留米市、長崎市、佐世保市、大分市、宮崎市、鹿児島市、那覇市

ほとんどが大量の空き家を抱えるエリアでもあり、周辺自治体との合併を繰り返して人口を維持しているが、高齢化も激しい。

県庁所在地や大都市隣接の都市以外は、住宅地としても厳しい近未来が待ち構えている。

このうち**生き残るのは、その属する都道府県の人口が那覇市のように増えている、もしくは大きくは減っていない都市**だ。

中核都市でも、この条件に当てはまれば、不動産は大きくは値下がりしない。

さらに、その都市にどれだけの20代、30代が定着できるかがポイントで、**若者の定着率が全国平均を超えている都市がいい**。

たとえば**沖縄の那覇**は、高齢化率の低い、若々しい都市だ。

一方で、現時点で人口が40万人を大きく割り込み、人口減少中の**横須賀**のような中核市も目立つ。

2050年あたりの日本の将来予測人口はさらに減っているので、近隣市町村との合併

によって、中核市へ人口誘導する政策がこれから議論されるはずだ。

県庁所在地でも、**甲府市、鳥取市、松江市**などは人口20万人を割っており、おすすめできない。

また、人口規模が20万人以上でも、**長崎県の長崎市や佐世保市**は、九州の福岡一極集中が進んでいることから大きく人口を減らしている。

県庁所在地もかなり含まれているが、**秋田市**など、周辺人口の減少がこれからも急加速しそうな都市も含まれる。

中核市の多くは、合併すると補助金がつく周辺自治体との合併で規模だけ肥大化したが、将来の不動産の価値は玉石混交だ。

人口が減るなか、不動産に価値がある都市は非常に少ない。

「中核市予備軍」のつくばみらい市や流山市が将来有望

また、中核市の候補市（中核市移行を検討している都市）もある。

中核市の候補市

つくば市、所沢市、春日部市、草加市、市川市、町田市、藤沢市、富士市、春日井市、

津市、四日市市、佐賀市

中核市と候補市を比べると、**つくば市**や**市川市**、**藤沢市**のように、大都市に近いほうが将来有望である。

また、**佐賀市**は福岡市の通勤圏としてよい位置にある。**三重県**の**津市**や**四日市市**も名古屋の通勤圏であるところが評価されてきた。

そして、じつはこの先中核市を目指すことを検討すると見られる、TX（つくばエクスプレス）沿線などの都市のほうが、さらに将来性はある。

それが**つくばみらい市（茨城県）**や**流山市（千葉県）**などだ。東京都心のマンション高騰を受けて、住宅を取得する子育て世代を中心に人気を集めている。

都市の住民の平均年齢は、これからの不動産の価値を考えていくうえで非常に重要だ。社会保障・人口問題研究所が23年にまとめた40年の全国の自治体の推計人口は非常に参考になるデータだ。

２０２３年における茨城県つくばみらい市の２０４０年の予想人口は、２０１３年の予想と比べて5割増と、首都圏の自治体で４番目に上方修正率が高かった。

若い人に人気が出始めた都市は「買い」で、親世代に人気があって人口が減っている都市は、高齢化が大きく進んでいる可能性があるので「売り」なのだ。

ただ、流山市の場合は、「子育て都市」として市長らによるＰＲが功を奏して、相場が高くなっている。それでも買いといえるかもしれない。

都心の高価なマンションは誰でも買えるものではないから、政令指定都市や人口構成が若い中核市、中核市候補、さらに若々しい中核市予備軍に持ち家を買っておくのも手だ。

都心の大企業では、給与は高いが住居費も高い。**給与と住居費のバランスを考えると、数ある地方都市にも勝ち目がある**といえる。

気がつけば両隣は空き家、もうすぐ3軒に1軒が空き家の時代に

「高齢社会白書」（２０２３年度版）によれば、22年10月時点の65歳以上の高齢者人口は３６４２万人に達して総人口の29％を占める。

人口予測では、30年に30・８％、50年には37・１％まで高まる。

今後、75歳以上の後期高齢者は断続的に増え、55年にピークを迎える。独居高齢者が増えるので、介護問題も深刻化する。

高齢者の数ばかりに目が行くが、**実際は空き家問題のほうも自治体にとっては深刻**だ。**家は主を失うと、荒れ放題になる**からだ。

野村総合研究所の2018年の見通しでは、28年には空き家数1608万戸、空き家率23・2％となり、33年には空き家数1955万戸、空き家率27・3％となる。そして38年には空き家数2356万戸になり、**総住宅のうち3戸に1戸程度が空き家になる**。

野村総研の予想は最も厳しい空き家予測だが、総務省の18年の住宅・土地統計調査によれば、**全国の空き家戸数は過去最多の約849万戸で、現状では1000万戸を突破しているい**と見られる。

空き家の大半は借家としても、**国の税制や住宅政策いかんでは、2033年には2000万人ほどが住める場所が確保できる**可能性がある。

高齢単身世帯が持ち家として住んでいる家を近未来の潜在空き家ととらえると、その戸数は423万戸にのぼり、こちらも増えている。

「空き家問題」対策は日本の急務

空き家を増やす効果のある新築着工数予測はどうか。

野村総研によれば、人口減や少子高齢化で、新設住宅着工戸数は２０３０年度に65万戸、２０４０年度には46万戸に減少する。

持ち家、分譲住宅、貸家のいずれも漸減し、２０３０年度時点でそれぞれ21万戸、18万戸、27万戸になる見通しだ。

また、人生最後の５年や10年は病院や施設で過ごす人が多くなると見られる。そうなれば空き家も相当増えそうだ。

日本で住宅数が世帯数を上回ったのは、半世紀も前の話だった。

その後も、新築住宅建設を景気の下支え役にしてきたので、これまで空き家活用策はゼロだったともいえる。それだけに、政策ののびしろはある。

これからは都市部に空き家が急増するわけだから、**防災や介護対策も兼ねて過疎地の高齢者に都市部の空き家を無料斡旋し、都市部への移住を促すような政策も必要**だ。

医療施設のない限界集落で孤立し、地震などの災害におびえながら暮らし続ける選択肢と比べて、行政コストも含めたメリットを提示する必要がある。実現性は冷静な議論によって高まっていくだろう。

国土の居住地をたたんでいかないと、高齢化、空き家、人口、財政問題は深刻になるばかりだ。

深刻な地方の「空き家問題」——山梨県のケース

さて、家屋数に対する空き家の比率で見ると、**空き家率は地方の田舎が高い。**

空き家率が全国一高い山梨県の基準地価はなんと31年連続（県庁所在地の甲府は32年連続）で下落しており、下げ止まりの気配はない。

山梨県の人口は80万人を割り、県庁所在地の甲府市は周辺市町村との合併を繰り返し、かつてオウム真理教の拠点として有名になった富士五湖地方の旧上九一色村まで合併するほど膨張したが、人口は20万人に届かない。

山梨県は、南アルプスをぶち抜くリニア新幹線が建設中で、全国有数の公共事業王国であるが、人口増にはなかなかつながらない。

以前は空き家の郵便ポストに「一戸建て買います」「マンション買います」といった不動産業者からのチラシが入っていたが、いつの間にか自治体からの空き家の補助金などのチラシが増えている。

たとえば、山梨県庁からのチラシには「ＡＫＩＹＡ活用」と大きく書かれている。空き家をＡＫＩＹＡとローマ字にしておしゃれっぽく見せても、空き家がおしゃれに見えるわけではない。

チラシには「その空き家募集中！」「その改修費用を補助！」「その活用をサポート！」といった文言が大きな文字で記され、空き家を抱える老夫婦のイメージなのか、「思い出の場所だから、一緒に活かしてみませんか。」と、肩を寄せ合う男女の笑顔の写真が掲載されている。


「山梨県は空き家率が日本一。だからこそ、その空き家を活かさなければ…もったいない！」


といった文言もあり、活用例として「例えば……」とただし書きをしたうえで、民泊、飲食店、コミュニティスペース、福祉施設と書かれている。それを鵜呑みにすれば空き家も有効活用できそうだが、これらの事業を行うのは県がほぼ丸投げした民間業者だという。

「認定事業者が補助金申請・回収・契約・運営など、すべてをサポートします！／認定事業者とは、複数の空き家を活用して、地域活性化につながるビジネスを展開する県が認定した事業者です」

ともチラシには書かれていて、山梨県では空き家対策に補助金を出している。

補助金の内容は、空き家所有者が認定事業者に10年以上空き家を賃貸などで提供する目的で行う改修費用に県が補助金を交付するというものだ。特別枠の補助は、移住、2拠点居住、関係人口の増加など、東京一極集中の是正につながる施設関連に限定される。

また、チラシによれば、空き家活用の主な流れは、「応募→宅建協会が調査→認定事業者とのマッチング→改修計画→補助金」となっている。

しかし、「※マッチングされない場合もございます。」ともある。

現在の年金世代は持ち家が多いが、その相続人が親の死亡により「空き家処分で七転八倒する時代」が始まっている。空き家と土地を有料で引き取る業者も現れている。

空き家対策は簡単！　それなのにやらないだけ

日本の住宅税制では、借金して貸家を建てれば、最大8割程度まで相続税の支払いを節税でき、金融資産で持つ場合よりずっと有利だ。

ただ、こうした戦争直後の、人口がどんどん増えていた時代には社会経済的にも有効だった政策が、いまでも続いているところが日本の行政の悪い部分だ。

人口が減り、住宅の買い手である若者が少なくなっているのに、資産を持つ高齢者が節税のためにアパートを建てれば、人口・住宅過剰の構造のなか、短期的にも長期的にも空き家を増やしてしまう。

じつは、空き家対策はシンプルなものだ。

> **空き家対策の3つの視点**
> ①空き家の生みの親となる新築の供給を減らす
> ②そのために中古以外の住宅ローン減税をやめ、固定資産税等の6分の1までの減免も見直す
> ③相続税の節税のために借金をして貸家を建て、相続税を大幅に減らせるといったさまざまな相続関連の不動産特典を一切やめる

①〜③の大事な政策について再検討をしなかったのは、**自公両党が長期政権を維持するためだ。その恩恵を受ける不動産・建築業界で働く人々が多すぎる**からだ。

このため、国民や自治体、省庁、大企業や零細企業からも、政府建設投資を求める声は

絶対にやまない。

２０２４年４月からの建設業界の残業規制で職人や技能者が不足するなら、国や県が発注する公共工事を減らし、再開発の認可を遅らせるような政策的な手段はたくさんある。

日本の産業構造が土木・建設・住宅・不動産などに偏っていることが労働人口の流動化を妨げ、ＡＩやＩＴ、半導体など先端分野でライバルに出遅れる結果をつくっている。

住宅確保が困難な人たちへの空き家活用

また政府は、住宅の確保が難しい人たちの負担を軽くするために、２０１７年に**改正住宅セーフティネット法**を施行した。これは増加が見込めない公営住宅の代わりに、増え続ける空き家を活用しようというシステムだ。

高齢者ら住宅確保要配慮者の入居を拒まない賃貸住宅の登録制度を開始し、23年には全国で約87万戸が登録されている。

しかし、高齢者の住宅確保要配慮者専用の住宅に限ると５０００戸程度となっており、空室率も２～３％台と低い。

そのため、今後の高齢者単身世帯の増加に対応できる戸数ではない。これを家賃補助付きで5万戸、10万戸と認定すれば、無償に近い賃貸住宅も大幅に増えるかもしれない。

高齢者が入居して家賃の一定額を国や自治体が負担するようになれば、空き家の活用は大きく進む。

住宅は固定資産税が6分の1に軽減されているが、一定期間、人が住んでいない住宅は空き家と認定し、固定資産税を元に戻せばいいのだ（6倍にする）。借家も空き家に対しては6倍にして、低廉賃貸住宅には家賃補助を出せばいい。

人口減少による空室地獄は目前に迫り、アパートなどの借家は、高齢者に貸さなければ経営できない時代が10年先にはやってくる。

そうなれば、**マイホームがないと高齢になったとき住むところがないという状況**は相当期間にわたって緩和されるだろう。

無策を続けてホームレスを増やすか、住宅で公的な賃貸支援を増やすかという究極の選択にも近い。住宅との関連で後ほど述べるが、高齢者を介護するヘルパーも大幅に増強する必要がある。

最悪の場合、元気な60代は3年程度の準介護職に就くことを国民に義務づけるような仕組みも必要だろう。そうすれば60代の失業者も減らせる。

もちろん、「徴兵制度のようだ」といった批判は覚悟しないといけない。

国土交通省の「土地問題に関する国民の意識調査」（令和5年度）によれば、18～29歳の層では、「土地・建物については、両方とも所有したい」と答えた割合は42・8％と年代別で最も低く、逆に「借家（賃貸住宅）で構わない、又は望ましい」と答えた割合は26・4％となった。

若い世代には、住宅ローンに縛られない、自由な生き方を求める「積極的賃貸派」も少なくない。

空き家がこれだけ増えているのは、少子化のほかにも、**空き家がゼロ円でも引き取り手がない時代に入っていること**を示している。地方の実家が空き家になり、それを処分する苦労を体験した人も多いだろう。

総務省の「住宅・土地統計調査」（2018年）によると、65歳以上の高齢者世帯は1000万戸の持ち家を有し、73％が持ち家派だ。一方、借家は292万世帯で23％と少ない。

高齢者の独り暮らし世帯（近未来の空き家候補）は、2030年に800万世帯に達する見通しだ。

リッチな高齢者層と負債を抱える若い世代

ではここで、世代ごとの懐事情を探ってみよう。

2023年の「家計調査報告（貯蓄・負債編）2022年平均結果（二人以上の世帯）」（総務省）の数字は衝撃的だ。

全世代の負債現在高の平均値は576万円だが、若い40歳未満の世帯が1469万円と最も多い。**40～49歳の世帯でも66・1％が負債を抱えている。60歳以上の世帯には、2000万円以上の金融資産がある。**また、資産面でいえば、厚生労働省の所得に関する調査結果では65歳以上の世帯の2020年の平均所得は年金を含めて330万円となる。

50歳未満の世帯では、負債現在高が貯蓄現在高を上回っており、負債超過の状態となっている。負債保有世帯の貯蓄現在高の平均値は1264万円で、負債現在高の平均1528万円を264万円下回っている。

40歳未満の世帯では、負債現在高が貯蓄現在高の約3・1倍と大幅な負債超過だが、50歳以上では貯蓄現在高が負債現在高を上回り、年齢階級が高くなるにつれて貯蓄現在高は多くなっている。

住宅・土地のための負債を時系列で見ると、住宅価格の高騰とともに年々増加傾向にあり、22年には平均で1395万円、**40歳未満では2384万円と、19年以降2000万円を超える負債現在高**となっている。

これは不動産価格の高騰と、返済開始からの期間が短いことが要因だ。

超低金利効果で住宅ローンの金利負担は減ったものの、長期の超金融緩和が不動産価格を押し上げ、低金利のメリットをチャラにしているのはこれまで述べたとおりだ。

空き家がこれだけ多いなか、若い世代は依然として住宅ローンが重みになっている。

住宅ローン返済世帯の貯蓄現在高は1132万円で、負債現在高の1818万円を686万円も下回っている。

一方、住宅ローン返済なし世帯の貯蓄現在高は2120万円で、負債現在高の272万円の7・8倍を有している。

持ち家世帯のなかでも、住宅ローンの有無によって保有資産に大きな差が見られた。

世帯主が65歳以上の世帯では、貯蓄現在高が2500万円以上の世帯が34・2%と約3分の1を占める。

一方、65歳未満の世帯では18・5%で、高齢者世帯のほうが豊かな資金を有している。

地域経済を支える銀行も、住宅ローンの薄利多売から脱却したいが、ほかに貸出先が少ない。住宅金融支援機構によると、２０２２年度の新規住宅ローン貸出額は20兆７４１５億円で、前年比４・１％減となった。それでも、20兆円の大台は7年連続で維持されている。

これはマイナス金利政策の影響で、住宅ローンは短期変動金利なら年利０・５％前後で調達できる環境が続いているためだ。

超金融緩和政策で生まれたマイナス・ゼロ金利政策でだぶつく金が、住宅・不動産市場に流れ込み、相場を上げ、景気対策の役割を果たしてきた。

高度経済成長期＝高齢者の黄金時代だった

65歳以上の従属人口を15歳から64歳の生産労働人口で支えるようになった変遷を見てみよう。

高度経済成長期の１９５０年には、12・１人の働き手で１人の高齢者を支えていた。

しかし、高度経済成長がほぼ終わった１９７０年では９・８人で１人となった。さらにバブル崩壊時点の90年は５・８人、２０００年は２・８人、さらに20年には、２・１人で１人の高齢者を支えるようになった。

30年はこれが1・9人、45年は1・5人になる。

いまの若い人には信じられないだろうが、高齢者の医療費が無料の時代（1973〜83年）もあったのだ。

昔は10人以上の大人でお神輿を担ぎ、1人の高齢者を乗せていた。それが徐々に数人で乗せる騎馬戦型となり、2045年は1・5人なので、ほぼ肩車状態だ。

お神輿型福祉のゆとりのあった時代、なんと定年は55歳が主流であったが、これからは何らかの形で70歳まで働かないと社会がもたなくなるだろう。

高度経済成長期を謳歌した「逃げ切り世代」だけが最大の福祉に浴するが、支える側の50代以下は「全損世代」という自画像すら十分に自覚していない。

人生100年なら、空き家はどんどん増える

2019年の健康寿命（健康上の問題で日常生活に制限のない期間を指す）は、女性が75・38歳、男性が72・68歳。**平均寿命と健康寿命の差である「日常生活に制限のある不健康な期間」は、女性が12・07年間、男性が8・73年間**だ。

75歳以上の後期高齢者は、家ではなく施設や病院で暮らす時間が平均として増える。そうすると、ますます持ち家の空き家は増える。

「人生100年時代」がもし本当になれば、空き家の数はどうなるか。**最速では38年に3軒に1軒が空き家になる恐れがあるが、それが2軒に1軒になる**かもしれない。

人生100年に歩調を合わせて健康寿命も順調に伸びていく保証はないから、施設や病院、ホスピス住宅に頼る人が自宅を空き家にしてしまう。

もしも空き家にペナルティが科されるなら、持ち家のない高齢者などに住んでもらい、空き家に科される可能性のあるペナルティを避けるケースも出てこよう。

持ち家のない老夫婦や健康な独り暮らしの高齢者の入居先は、自治体によっては、選び放題になりはしないか。

今後、団塊ジュニア世代のすべてが65歳以上になる2040年までは、少なくとも高齢者の数が増え続ける。

40年の生産年齢人口（15歳から64歳）は、6200万人となる。

高齢者の雇用を促進するため、改正高齢者雇用安定法が21年に施行され、雇用者に対して70歳までの就労の確保を努力義務として課している。

高齢化したマンションの寿命はいつまで？

国土交通省によれば、**全国にマンションのストックは約685万戸**あるという（2021年末）。

新築や築浅マンションばかりではなく、なかには老朽化した築古マンションもある。685万戸のうち、**築40年以上のマンションは115万戸**ある。いまから数年後には2倍以上の260万戸となる。

マンションの建替え・再生は数十事例にすぎず、課題解決はこれからだが、物理的な寿命が迫りつつある。

国土交通省の「マンションの建替えか修繕かを判断するためのマニュアル」によれば、エレベーターがないことや給排水設備がコンクリートスラブに埋設されていることを、最低評価としている。

マンションの物理的寿命は、コンクリートの耐用年数を指す。

戦後すぐや高度経済成長期のコンクリート骨材には、品質にバラツキがあり、耐用年数に不安がある。

高齢マンションも公費を入れて取り壊し、増え続ける空き家などへ誘導する政策が必要だ。市街地再開発などでは、空き家を都市再生住宅として利用する政策を実現すべきだろう。

築40年以上のマンションの多くは、耐震性に不安を抱え、給排水設備もすでに寿命を迎えている可能性が高い。国土交通省のアンケート調査では、高経年マンションの約4割が給排水設備に問題を抱えていた。

困難を極めるマンション建替え

実際のマンション建替えは、デベロッパーとともに行うのが一般的だ。

デベロッパーは保留（余剰）床の取得を前提にして負担金を建替え組合に支払い、建替え組合は、区分所有者が負担する資金と、デベロッパーからの負担金をもとに建替え工事を行う。

デベロッパーは取得した保留床の部分を分譲し、負担金などを回収する。

つまり、**建替え後の延床面積を建替え前よりも大幅に増やせなければ、デベロッパーが建替え事業に参画することは難しくなる。**

ところが、建替え後のデベロッパーによる販売可能面積は減少傾向にある。

1970年代の建替え後マンションの延床面積は建替え前マンションの4倍以上だったが、2020年代は同1・5倍程度に抑えられている。

マンションの完成後に施行された日影規制や斜線制限などにより、**建替え後の延床面積を拡大しづらくなっている**のだ。

そこで建替えに大胆な規制緩和を与えることも検討されているが、容積率をアップさせても立地が悪ければ売れない物件をつくることになり、赤字を増やすだけの結果に終わる。

容積率制限そのものが厳しくなった結果、高経年マンションが既存不適格状態になっている。すでに容積率の制限いっぱいに建っているマンションも少なくない。

また、国土交通省が実施した「平成30年度マンション総合調査」によると、築40年以上のマンションにおいては、70歳以上の世帯主の割合が47％とほぼ半数だ。

マンションの高齢化にともなって住民も高齢化し、建替え費用の捻出が難しくなる。

国土交通省はマンション建替え円滑化を目指して、区分所有法の改正を急いでおり、専門家を集めて中間試案づくりをしてきた。

マンションを大きくして余計にできた保留床をデベロッパーに買い取ってもらったり、分譲したりして低資金で建替えられるマンションは、都心においても500例に1例あるかないかだろう。

マンション建替えはそれほど厳しい。

図表10　**年齢別住宅取得者数**

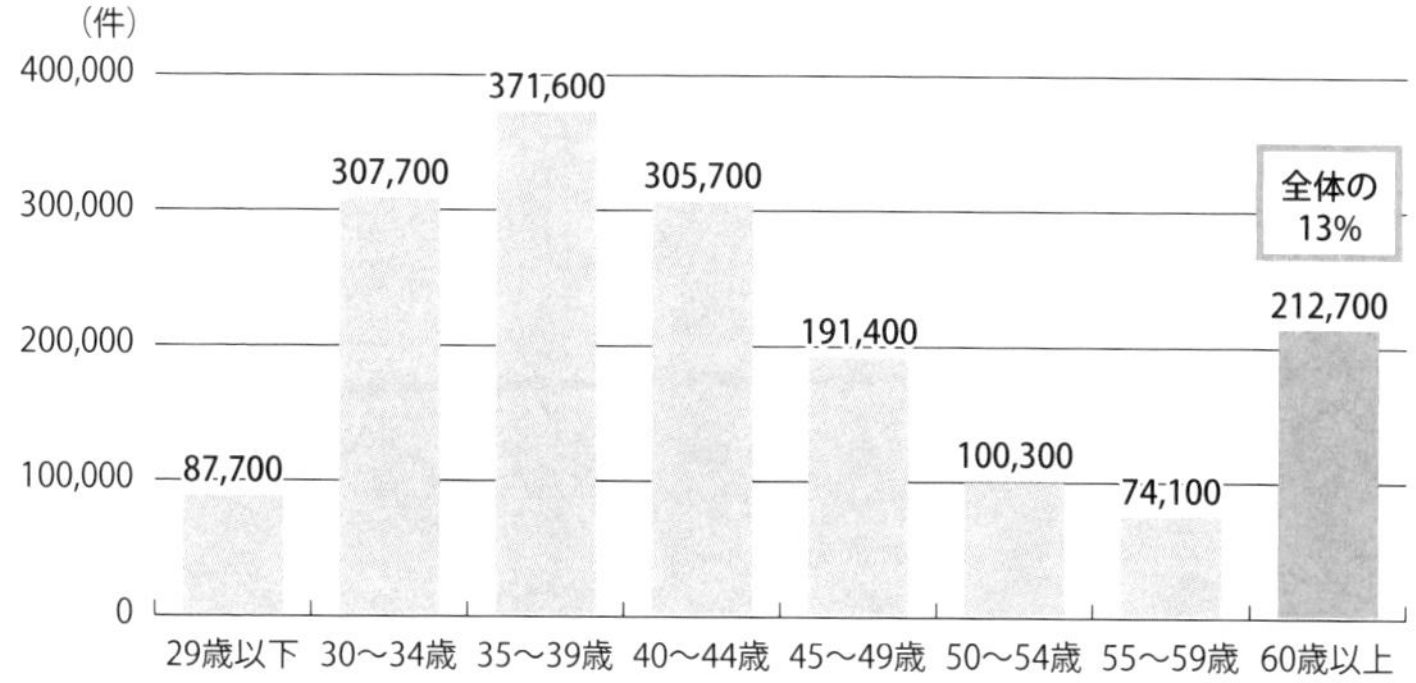

※2014年から2018年9月までの間に住宅を取得（建設、購入〔新築・中古〕、相続を問わず）した人の数
出所：総務省統計局「2018年住宅・土地統計調査」

「人口オーナス地」を狙う逆張りもある

たとえ職場が都内にあっても、1億円もするマンションを買わなくて済む方法は、労働時間が決まっていて、定時に帰れる可能性が極めて高い職種に就くことだろう。

たとえば、公務員や団体職員だ。

過去に数年間、東京23区の職員の方々を仕事の相手にさせていただいたが、彼らのなかで、持ち家派の7割以上は23区外に住み、埼玉県、千葉県、神奈川県に住む人が半分程度だった。

大宮の先から品川区役所に通っていたり、埼玉県北端エリアの熊谷市に近い北本市から中央区に通っていたり……それらは序の口で、相鉄線の終着駅周辺や、もっと遠くから通ってくる人もいた。

それでも**「残業がほとんどないので遠距離通勤は苦にならない」**という声は少なくなかった。

もれなく**人口が減少している人口オーナス地域から通うので、住宅は安く買える。**職場は東京でも、転勤の心配はなく、郊外生活を満喫できる。

親元から通えるなら、親の介護にも便利だろう。

また、公務員の場合、霞が関の官庁や都庁、23区で働く選択肢を外し、あえて隣県の県庁や市役所などに就職し、地域で最大かそれに準じる都市で住宅を手に入れるほうがよい場合もある。

第9章

公有地を巻き込んだ再開発で「得するマンション」が誕生

流行りの官民連携の再開発の問題点

自治体による再開発の財源や手法が大きく変わってきている。

土建王国の日本においても、建物更新に使う予算は、自治体だけでは十分確保できない時代になってきた。

このため、自治体が、**公園や学校などの低層で容積率の利用が低い公有地の開発を、民間の大手デベロッパーなどと共同して行う**時代に入ってきた。神宮外苑の再開発などが好例だ。

公有地は市民の財産ではあるが、資金のかかる再開発は、自治体が自ら開発法規を緩めることで民間にほぼ丸投げのようなことができる。

東京五輪の選手村だった**「晴海フラッグ」**もそのひとつだ。破格の安さで払い下げされた都有地の晴海フラッグ（選手村用地）は、抽選に当たって転売できれば1億円前後の収益が期待できる。これは東京都がつくった高倍率の宝くじともいえる。

とくに東京では、開発事業者の意を受けた公有地の「囲い込み」による再開発が、自治体や首長の手で行われている。

日本の公有地の空間や高さの利用はどこに向かうのだろうか。

本章では、晴海フラッグなど公有地を巻き込む再開発の利点と問題点を考察する。

「晴海フラッグ」の謎❶

史上空前の大安売り、選手村が破格である秘密

東京五輪の選手村だった中央区晴海の晴海フラッグは、原価が安すぎるので抽選に当たればぼろもうけできる。

このことは、私は都庁への取材で少なくとも10年前には知っていた。

「絶対申し込んだほうがいい」という理由はどこにあるのか。

選手村用地（現・晴海フラッグ）のために、東京都は広大な都有地を、不動産会社11社に格安価格の129億6000万円（1㎡当たり9万6800円）で一括譲渡した。

このことは住民訴訟にもなったが、原告側の住民が示した土地の価値は、1600億円を大きく超える。

ちなみに「安売り」に激怒した住民が東京地裁に起こした選手村住民訴訟は、原告が一審の東京地裁、二審の東京高裁でも実質的に全面敗訴し、2024年3月、最高裁で住民側の上告は棄却された。

「五輪という特別な要因があり、土地の売り渡し価格にはまったく問題がない」という太鼓判の判決を、被告側の小池百合子知事は勝ち取っている。

晴海選手村都有地の平均売却価格である1㎡単価9万6800円は、八王子市の住宅地の平均12万2700円（平成28年東京都地価調査）よりずっと安かった。

訴訟で原告側は「13・3万㎡の土地価格は、1611億円あまり（1㎡単価120万円）が妥当で、都が処分した価格との差額は1481億円以上に達する」などと主張した。

「晴海フラッグ」の謎②
選手村、本当はいくらかけたのか

東京都や国、スポンサー企業、五輪組織委員会は、選手村のためにさまざまな費用を負担した。筆者はそれらを3年ほど前にまとめて積算してみた。

たとえば、売買した土地の基盤整備費（400億円以上）、選手村の家賃（延期期間分を含めて数十億円以上）から、マンションへのリフォーム費など（455億円）、さらにスポンサーが提供・負担した水素熱源装置600億円など、**1600億円以上の価値がある土地と合わせて、その額は筆者の試算で3000億円を超える規模**だ。

五輪関連の事業が終わるまで、土地の所有権は都が保有する形となり、固定資産税や都市計画税も、開発業者は長期にわたって免除されている。わずかで済んだ用地費も、約9割は完成後払いだった。

選手村としてわずか1カ月ほど使用したあとは、クーラーや内装などを処分、コロナで延期された1年分の追加家賃も含め、都や五輪組織委員会が数百億円を負担したと見られる。

つまり、選手村を適正価格で再調達（再建）するには、最大でこうした3000億円規模の巨費がかかるわけだ。

129億6000万円という土地鑑定額を出したのは、都から依頼を受けた、国策でできたともいえる鑑定最大手の日本不動産研究所だった。

土地価格を決める場合に重要な取引事例比較法を使わず、周辺にある東京都地価調査価格（東京都中央区の「中央-3」の㎡単価95万円）との比準を避けた。

仮に、売り渡し価格を激安にできる開発法という特殊な鑑定法の活用を認めたとしても、収益還元法に採用されている住宅店舗賃料は、極端に低い賃料事例を用いて計算している。

一審の東京地裁も二審の東京高裁も、被告側の都（小池百合子知事）の主張をほぼ全面的に認め、被告側の書面を読むようだった。多くは「五輪という特別な要因（制約）」に沿って、原告の敗訴となった。

さて、中央区の2021年度の補正予算で晴海フラッグのため必要となる小中学校建設用地等の施設整備用地として、区が都有地を購入する必要に迫られ、177億円が計上された。

近隣の都有地の路線価が1㎡当たり約100万円だったことから、「公共施設の整備のための用地として使う公共減額により、東京都に路線価の5〜6割を支払った」と中央区の幹部は議会などで述べた。

区の購入地は3・1haで177億円なので1㎡当たり約57万円となり、なんと民間デベロッパーの主に商業ベースを開発目的にした購入額の5倍以上になる。

「晴海フラッグ」の謎❸
地権者で許認可権者の東京都がひとり3役で突破

選手村再開発では、複雑で込み入った街区の再開発に用いられる第一種市街地再開発事業という制度をあえて導入、唯一の地主である東京都が広大地再開発でやる「ひとり再開発事業」だった。

選手村再開発は、**東京都が「再開発用地の地主」「再開発許認可の当局者」そして「再開発事業の施行者」という異例の1人3役を演じる**ことになり、いかようにもできたはずだ。

市街地再開発事業による土地の処分には、都市再開発法で近傍類似地等の価格を考慮して定める規定がある。だが、権利者全員（晴海の場合は東京都一者）の合意があれば、任意の価格で売買できるというのだ。

都はこの権利・規定を使って、都の一存で「五輪要因」という特殊性を強調し、法外な安値販売を決めた。

土地をすべてデベロッパーなどに売ったあとはさっさと再開発事業から退出し、大損覚悟で、選手村（晴海フラッグ）の建設等は大手不動産会社などに実質的に丸投げできた。

都議会や都の財産価格審議会も安値販売を問題にしていない。

「晴海フラッグ」の謎④
都営の不動産宝くじは、抽選に当たればぼろもうけ

さて、東京都から土地を購入した開発業者が、選手村を「再整備」する形でできた超大型マンション「晴海フラッグ」は、２０１９年に分譲が開始された。

分譲予定は４０００戸以上で、21年までに約１５００戸を供給した。小中学校や商業施設も新設され、最終的に１万数千人が暮らす街となる見通しだ。国内の全国各地のほか、アジアからの抽選の申し込みもあった。

そんな選手村跡地に建設された大型マンション群「晴海フラッグ」への入居が23年末から始まった。

13万㎡超の敷地には、分譲住宅と賃貸住宅5600戸を超えるほか、小中学校や商業施設が併設される。21棟の高級マンションのほか、50階建てのタワーマンション2棟が25年に完成予定だ。

ほかにも、晴海フラッグには数多いおまけがある。

それを考えると、**晴海フラッグの抽選に当たれば、値上がり益が出せる。だから転売すればぼろもうけできる**というわけだ。

こう書くと「投資をあおるようで不謹慎だ」と言われるかもしれないが、そもそもこうした情報まで隠されてきたので、それを暴いてマイホームを買う権利は都民のものだろう。

再開発のタネ地は都有地（元選手村）であり、都民の財産でもある。

それがマンションに化けると、あっと驚くようなカラクリで転売できる。

晴海フラッグは超高倍率の宝くじのようなものだ。

抽選に当たって権利譲渡ができない一定期間住めば、2倍の価格で転売できる物件もある。

億ションが2倍で売れるなら、1億円の宝くじに近い。

最高倍率266倍も記録しているが、**実際の宝くじに比べれば、極めて低倍率で当選できる。**

こうした構図は「けしからん」というだけでは面白くない。新聞の社会面や週刊誌で報じられたセンセーショナルなネタは、それを掘り下げることが大事である。

マスコミは裁判所からもらった東京都（被告）勝訴の判決要旨をコピペして小さな記事にするだけだから、普通の人にはまったく事情がわからなかった。

選手村原告幹部も、判決を報じた新聞記事はすべて紋切り型（コピペ）だったとがっくりしていた。

区役所高層化や小学校上空の開発に「PFI」を多用した渋谷区

渋谷区では近年、渋谷駅前の再開発や区役所と公会堂の建替えなど大型の事業が相次ぐが、区役所や公園、学校などは、民間の資金力やノウハウを活用する大胆な「PFI事業」が目立つ。

PFIとは、公共事業を実施するための手法のひとつだ。

民間の資金とノウハウを使い、公共施設等の設計・建設・改修や維持・運営を行う公共事業だが、半ば民間への事業丸投げだ。

ＰＦＩはうまくすると、住民、行政、事業委託先の民間の「三方よし」の結果に持ち込むことができるが、民間は利益を重視、行政は予算の圧縮や業務の削減をしたい。この結果、事業の丸投げに近い結果や民間のもうけすぎの批判が起きがちだ。

民間の事情に三井不動産が参加したＰＦＩ事業として高層化した渋谷区役所の隣に、区立の神南小学校がある。

その前に立つ高さ40ｍ、14階建てのマンション（渋谷ホームズ）を、東急不動産と清水建設が事業協力者となり、高さ１５０ｍ、34階建てのタワーマンションに建替え、その収益を活用して、神南小学校の建替えも同時一体的に進める。

区立小学校と隣の高層マンションの建替えを一体化させて行うという、全国でも珍しい再開発計画だ。

渋谷区による区立神南小学校と渋谷ホームズの第一種市街地再開発事業の問題点を考えてみたい。

建物の高層化は容積率を緩和する必要があるため、区は小学校上空の容積率をマンションにあてがい、現状の約２倍の容積率を与えた。神南小は５階建て延べ１万１５００㎡。

２０２６年度の着工、28年度の完成を目指す。
公共施設の容積率を民間マンションに配分するのも、その見返りに小学校を民間資金で建替えさせるのも全国的に珍しい。

区は「公共施設の建替えは、民間活力も使い、極力財政負担を減らしたい」と計画に胸を張る。

ところがこの計画に対し、区役所の高層化を手がけた三井不動産レジデンシャルが分譲し、同じ宇田川町にある超高級億ション「パークコート渋谷ザ・タワー」の住民が、渋谷区長に対して「神南二丁目・宇田川地区の都市計画決定」の中止を求める要望書を提出した。

そもそも、「パークコート渋谷ザ・タワー」も三井の提案に沿った区役所高層化にからむＰＦＩ事業で建てられた。住民側は「この計画で眺望を失い、日照もなくなり、資産価値を損なう」というのだ。

神南小を巻き込んだ再開発に反対する住民側は、
「地区計画変更（１５０％緩和）と高度利用地区指定（３５０％緩和）によって二重に容積緩和を受ける計画になっているが、高度利用地区指定による容積率緩和の上限は基準容積率（５００％）に対して最大３５０％であり、しかも、高度利用地区の趣旨は必ずしも容積緩和を最大利用すべきものではない。二重緩和による基準容積率の2倍で高度利用地区の趣旨を逸脱した」

と反発している。

青空がなくなることに抵抗しない住民側

では、どうして区は思い切った開発行為が正当だと主張できるのか。

それは、**区の都市計画審議会などでお墨つきを得ている**からだ。

渋谷区に限らず、地方議会も実利化（利権化）しているので、都道府県や区市町村も何とか地域開発によって地域経済の浮揚を果たしたい首長や議員が選ばれやすい。

それゆえ、行政は公有地や未利用空間の最大限の活用に基本的に賛同してくれる学識経験者らを、都市計画審議会などの重要ポストに任命する。大勢の中にひとりぐらい異を唱える専門家を入れておけば、反対意見は代弁されるが、多数決には影響ない。

自治体の予算削減と民間活力に頼った公共施設の更新は、ますます当たり前のことになっていくだろう。

なぜなら、公園や公立学校のような容積率の低い建物を高層化して官民で利用することに、主権者である市民や納税者側の抵抗が薄らいでいるからだ。

歓迎の声は依然として多いのではないか。

再開発に対して、「俺の空をどうしてくれる」と苦情を言う住民はいても、建物の近隣住民に限られるのが一般的だ。

自治体や国が「予算ゼロで活用できるものは何かあるか」と探せば、公有地と大空（空間）に行き当たる。高さ制限や容積率の緩和、地区計画の策定の権利は自治体（議会）にある。自治体の住民に帰属する公共空間や公共施設が、今後も思わぬ変貌を遂げていくだろう。

２０２３年に東京駅八重洲口にオープンした「東京ミッドタウン八重洲」。中央区立城東小学校の跡地も含み、新校舎も同施設群に入居している。

文部科学省から予算を絞られる大学も、大手不動産会社と組んだキャンパスなど土地資源の有効活用に躍起で、タワマンのような校舎が増えている。

ＯＥＣＤ諸国のなかで、教育予算ワースト2である日本は、学校が不動産開発の格好の舞台となっている。

自治体による青空バーゲンの舞台裏

風致地区の廃止やその緩和、再開発をしやすくする自治体の建築関係の法規や要綱もチェックしておこう。それらに沿って再開発計画はとんとん拍子に進むからだ。

そうした再開発を急ピッチで進める法規や規則に関心がある市民はほとんどおらず、専門知識のないマスコミも無関心なので、デベロッパーと行政が自由に再開発の絵を描けてしまう状況にある。

開発後の問題点は、大きな反対運動でも起きないと関心をひかない。

しかし、問題となる点にも、じつは商機が潜んでいることはこれまで説明したとおりだ。

提起されている諸問題を解決するには、

①都市計画法など数多くの法律を修正する必要がある

②①は「土建国家」を売り物にしてきた長期保守政権の基盤維持に関わるので政権交代が不可欠

この2つの壁に当たるが、個別の市民運動は現場で反対に手いっぱいだ。しかし、運動に携わる現場では、マクロ的な発想を持ち合わせていないことが少なくない。

政権交代があっても、再開発に関わる問題がその政権の優先課題に入る保証はない。

また、規制緩和や新たな要綱等が議会という住民の目を代行する機能のチェックを受けないことも多い。法律や条例の改正ではなく、自治体の規則である要綱などの類いの決定・改変が事務的に行われ、以後、事実上のチェックなしで進む事例が多い。

つまり、**地域の最前線の開発行為において、民主主義が機能不全に陥っているわけだが、それに気づかれないまま大型再開発が進んでいる。**

公園にまで次々にやってくる、民間による公有地囲い込み開発

参考までに、公有地等を再開発する場合に多用される再開発等促進区は、国や自治体からは次のように説明されている。

「土地の合理的かつ健全な高度利用と都市機能の増進とを図るため、地区計画において一体的かつ総合的な市街地の再開発又は開発整備を実施すべき区域（再開発等促進区）を定め、地区内の公共施設の整備と併せて、建築物の用途、容積率等の制限を緩和することにより、良好なプロジェクトを誘導する」

国土交通省によると、再開発等促進区の法令上の運用は次のようになる。

「再開発地区計画（昭和63年創設）及び住宅地高度利用地区計画（平成2年創設）を統合し、平成14年に創設。市街地内のまとまった低・未利用地の土地利用の円滑な転換を推進する

図表11　東京圏と近畿圏の新築分譲マンションにおける都府県別着工戸数の推移

地域名		2020年		2021年		2022年		2023年1月～11月	
		戸数（戸）	対前年比増減率（%）	戸数（戸）	対前年比増減率（%）	戸数（戸）	対前年比増減率（%）	戸数（戸）	対前年比増減率（%）
首都圏	全体	53,913	▲9.2%	49,962	▲7.3%	52,379	4.8%	47,065	▲1.1%
	埼玉県	5,991	46,2%	3,975	▲33.7%	5,551	39.6%	5,250	▲0.4%
	千葉県	5,320	2.1%	3,585	▲32.6%	6,310	76.0%	4,529	▲8.2%
	東京都	32,895	▲12.7%	31,221	▲5.1%	29,579	▲5.3%	23,854	▲11.8%
	神奈川県	9,707	▲21.9%	11,181	15.2%	10,939	▲2.2%	13,432	29.9%
近畿圏	全体	25,773	1.9%	20,916	▲18.8%	22,999	10.0%	22,273	2.3%
	滋賀県	756	24.3%	1,381	82.7%	872	▲36.9%	627	▲17.0%
	京都府	3,024	26.0%	1,929	▲36.2%	2,383	23.5%	2,380	2.9%
	大阪府	15,295	▲5.4%	14,205	▲7.1%	14,075	▲0.9%	14,292	6.8%
	兵庫県	6,403	20.8%	3,041	▲52.5%	4,882	60.5%	4,804	4.6%
	奈良県	201	▲60.0%	360	79.1%	515	43.1%	78	▲82.9%
	和歌山県	94	▲71.5%	0	▲100.0%	272	—	92	▲66.2%

資料：国土交通省「住宅着工統計」（2023年は1～11月実績）
出所：長谷工総合研究所

ため、良好な都市資産の形成に資するプロジェクトや良好な中高層の住宅市街地の開発整備を誘導するべく指定される区域」

これだけ読んで判断すれば素晴らしい事業だと思うだろう。ただ、その問題点は現場に行かないとわからない。

また、公園に「賑わい」をつくり出すパークPFI事業は、市事業者がつくるカフェや店舗など施設から得られる収益を公園整備に回すなどすれば、建ぺい率の緩和、広告など収益施設の設置も長期間できる。

「緑豊かな空間を活用して自らが設置する収益施設に合った広場等を一体的にデザイン、整備することで、収益の向上にもつながる」とも説明されている。ややこしいPFI法（民間資金等の活用による公共施設等の整備等の促進に関する法律）に基づく手続きが必要なPFI事業とは異なる。

このあたりでやめるが、**掘れば掘るほど、専門的な迷路にはまるような法律や要綱、その解釈が待ち構えており、素人の住民は「手に負えない」気持ちになって、さらなる無関心を呼び、行政と開発側の思う壺、つまりやりたい放題になる。**

かつて市民運動と新聞が開発を止めた時代があった

過去四半世紀あまり、市民運動の見地もマンション問題やマイホーム問題に欠かせない視点を筆者に提供してくれている。

たとえば、**台東区が検討した街路セットバックと高さ規制の見直し等について街並みを守る運動が、過去数年間の取り組みで大成功したのは谷中地区**で、台東区の都市計画の行政を変えたといってよい。

これほどの成功事例はほとんどない。

谷中では、ほぼ毎月、都市開発と谷根千（谷中・根津・千駄木）の問題についての勉強会が続く。東大・芸大が近く、現場を這いまわる文化人がいることが皮膚感覚でわかる。

筆者自身にも、そうした草の根調査の原点になった出来事がある。道後温泉の裏手の森を開発しようとするのを止めたことだ。

１９９０年前後、筆者は愛媛県松山市におり、道後温泉を拠点とした文化財の取材も深掘りしていた。

道後温泉の裏手にある森には、日本でも珍しい中世の山城遺跡、道後湯築城の遺構がある。湯築城跡は88年、県の道後公園整備基本計画にともなう発掘調査により、４００年以上前の遺構・遺物と確認された。「道後湯築城跡を守る県民の会」など、保存を求める市民運動も起きた。

しかし、こともあろうに、遺構が県によってつぶされようとしていた。それを私に告発する埋蔵文化財センターの調査員が現れたのだ。

地元紙は当時の知事と関係が近く、そうした衝撃的な記事を書けるとは思われなかったのだろう。現場調査や学者への裏づけ取材は内々に進み、朝日新聞の愛媛県版トップの記事を10本近く書ける材料が集まった。

その後、ほぼ毎日のようにそれに関する記事をずっと連発した。効果は絶大だった。

最初は小ぶりに扱っていた地元紙が後追いを始めた。

観光資源にもなる城址の破壊がいかに馬鹿げているかが県の関係者にもわかったのか、なんと知事が遺跡の取り壊しをストップさせてしまった。

県は日本庭園などをつくる計画を中止し、文化財を活かした公園づくりとして発掘期間を大幅に延長した。

いまでは日本の城跡公園の代表に数えられる国指定の史跡で、日本100名城にも選ばれている。湯築城資料館もあり、多くの訪日客も訪れる。松山の観光の中心である道後公園の価値を広く知らしめる文化財遺跡となっている。

ところが、三十数年を経て現実は様変わりした。

東京都などの埋蔵文化財センターを回っても、おとなしい発掘担当者ばかりになってしまった。

メディア関係者も同じだ。開発側に回るだけでは、想定外ともいえる都市開発の全体像は見えてこない。

一等地にある小学校を移転する阿佐ヶ谷の再開発

2022年、筆者は古着と音楽の街、高円寺で始まった再開発反対の音楽デモに参加した。

クラブで深夜まで開かれた区長候補の街づくりへの熱弁にかぶりつきの席に陣取り、6月の区長選の前日は、阿佐ヶ谷の飲み屋街にある選挙事務所で握手させていただいた。

23年には、チンドン屋が先導する西荻窪から高円寺まで歩く再開発反対デモに参加、再開発に飲み込まれる各地の代表が参加した。再開発反対に確かな連帯が始まった記念日となった。

西荻窪、阿佐ヶ谷、高円寺などは、文化度の高い住民が多く、こだわりの個人店も多い街だ。商店街もナショナルチェーンは少なく、個性的な古書店や食堂などが並ぶ。関東大震災以降、昭和にかけて居を構えた住民のなかに作家や文化人も目立ち、かつての別称の阿佐ヶ谷文士村を彷彿とさせる。

一方で、阿佐ヶ谷・高円寺地域は、木造住宅密集地域として、震災時に被害が想定される整備地域に指定された。

阿佐ヶ谷周辺は社寺地等の緑の多い良好な環境だが、再開発のためその緑を守ってきたけやき屋敷が解体され、保護樹木を含む屋敷の民有林は伐採されている。

そこでは、前杉並区長主導による土地の三角トレード話が進んでいた。

阿佐ケ谷駅前の一等地に建つ区立杉並第一小学校は、老朽化を理由に、病院所在地に移転して建替え、病院は民間の地主が所有するけやき屋敷跡地に移転。地主は杉並第一小学校の土地の7割を持つというものだ。

住民からは、病院跡地の浸水や土壌汚染の懸念、その対策費の膨張、小学校移転にともなう近隣住宅地の生活環境への悪影響など、数々の懸念事項が指摘された。土地交換についての黒塗り資料の全面公開も求めた。

学校と病院の早期改築、施設の多機能化、賑わい拠点づくり、多世代交流の創出、緊急車両通行のための道路拡幅、施設の集約化、防災性の向上……などなど、区の説明によるとお決まりの「再開発の必要性」が並んだ。

ほかにも、グリーンインフラ、ウォーカブル、バリアフリー、ユニバーサルデザイン、わたし・ぼくの好きな未来など、区の資料で飛び交ういつもの言葉たちが語られる。

杉並区でなくても、似たような文言が並ぶことはよくあるだろう。

そして23年1月、杉並区は地区計画で杉並第一小学校跡地の一定の高層化を打ち出した前区長時代からの再開発計画を24年度予算に計上することを決めた。黒塗り資料はそのままだ。

小学校も、渋谷区の神南小学校のように再開発に組み込まれたり、また杉並区阿佐ヶ谷の杉並第一小学校のように、一等地にあれば移転させられたりする時代を迎えるだろう。

欧米と相反するスピード、再開発の評価

大規模開発行為がもたらす周囲への環境影響評価（アセス調査）は、日本は欧米に比べて簡易で、審査対象地の範囲も審査内容もかなり甘い。

このことが、常に新しい再開発を続けられる日本の力のひとつともいえる。

限定的な大型開発事業のみにおいて、アセス調査が注目されることはまれにある。

ただ、この場合も再開発を担う事業者側が代行するので、とにかく「影響なし」の調査結果が極めて迅速に出せる。

また、再開発計画で住民が検討できる縦覧期間は2週間程度で、けた違いに短期間で済む。海外の人に「2年の間違いではないか」と言われたこともある。

構想の段階からほぼ決まっていることが、市民に対して早い段階で適時情報開示されることはまれだ。

行政が開発行為等に住民の意見を募るパブリックコメントは計画が固まったあとで、市民の声が十分に反映されることはまずあり得ない。

町会代表者などだけが参加できるまちづくり協議会（まち協）なども、その前段の設立

準備組織において、こっそり行政と開発者の内輪で開発の骨格が決められることが多い。

まち協ができると「まちづくりについて地域とこれから議論する」「再開発は白紙に近い」「まだ何も決まっていません」などと表明される。

だが、その時点ではほぼすべてが決まっている場合がほとんどだ。

利害関係のない多くの住民にとって、再開発は街が刷新されると受け止められる。「再開発でどんな素敵なマンションができるのだろう」と胸膨らむばかりだ。

そう思うなら、**まち協の設立準備の協議会に顔を出して、2年も5年も先に開発情報を先取りし、格安の優良物件を探し出すことをおすすめしたい。**

再開発促進のための温暖化防止か

脱炭素や温暖化防止のために、住宅や建築物とカーボンニュートラルの問題に関心が集まり始めた。

ただ、喜んでばかりはいられない。

ゼロカーボンのスペックを持つビルや住宅を増やすためには、古い建物を壊して新築を建てることになるからだ。

木造密集地域を丸ごと再開発するという手法も時代遅れだ。

なぜなら、通常、**再開発のために破壊するエリアの建物や街並みが大量の廃棄物として処理され、大量の温暖化ガスを排出する**。この問題についての評価が日本ではまだ厳密ではない。ひとつのビルを50年で壊すのか100年使うのかで、炭素の排出量は大きく違ってくる。

海外では築後200年、300年の建築物がザラにある。気候変動対策、脱炭素、2050年ゼロカーボンなどの標語が踊る時代に、築50年に満たない建築物が取り壊され、建替えられていく現実は問題をはらむ。

さらに、**都市再開発のために失われる緑地と建物の高層化は、都市の気温を上昇させ、都市の気候変動への影響を招く**。社会貢献の旗印となるべき建築と都市再開発をめぐる課題は少なくない。

世界的にもコロナ時代が終わり、パリやロンドンなど欧州の大都市は、緑地をつくり出すことで国際都市化の競争を勝ち抜こうとしている。

人、モノ、カネ、情報が集まる都市間の競争において、緑地や公園の存在と、それを増やすことが競争力の決め手になるという。温暖化で大都市空間は気温が上がっており、その気候変動を和らげるのが緑というわけだ。

森林や緑に覆われた公園は、地球温暖化を防ぎ、生物の多様性や環境共生社会を実現できる。防災にも役立ち、景観にも貢献する。住民の健康やストレス回避、リラックス効果などにも役立つ。そして、最終的に不動産の価値を上げるという。

しかし、東京都の手法は正反対だ。

小池百合子東京都知事の再開発最優先による国際競争力の強化は、こういった海外の流れとは逆の方向を向いている。「公園に賑わいは不要で、静かなほうがよい」という発想はなくなっているのだ。

東京23区の緑被率は18％程度で、51％のベルリン、44％のウィーン、34％のローマ、26％のパリに比べると大きく劣る。

神宮外苑一帯では、植木鉢の設置を緑地に含めるなど涙ぐましい努力をしているが、一方で100年以上生き延びた銀杏並木の伐採が計画され、移植されるなどバランスがとれていない。

また、緑地の多い欧州の推進都市では、中心街から車を締め出すことでさらなる緑化を進めているが、日本ではまだ自動車優先の街づくりが行われている。

その一方で「ウォーカブルなまちづくり」という言葉が独り歩きしている。

ウォーカブルとは「歩くことが可能」という意味で、当たり前の話だ。これが新しい街づくりの決め手だというが、自動車文明を正面から見直す街づくりは決して行わない。

これまでエスカレーターなど、歩かずに済む街づくりが行われ、これが交通弱者らのためでもあるとされてきた。歩行者はまだ脇役のままだ。

第10章

大手デベロッパーを中心に回っている都心の不動産

大手デベロッパーにしかできなくなった都心再開発

東京は再開発の時代を迎えた。

国や東京都、23区を動かせる企業は大手デベロッパーに限られる。

その行政に対する力は、提案力も含めてゼネコンも顔負けだ。東京には各地でタワー、ミッドタウン、ヒルズなどと名乗る摩天楼が立ち並ぶ。大手デベロッパーが、ここまで成長できた要因は何なのか。

それはダントツの人気と収益力を誇る東京ディズニーランドの誕生や、東京湾埋め立ての時代まで遡る。デベロッパーが水平に海を埋め立て都市開発する時代は、大都市中心地で大空を削るように摩天楼を建てる手法に変わった。

こうした現実に驚いた外国資本が、デベロッパーや不動産開発がうまい私鉄の株を次々と買い増している。東京の不動産開発も間接的に外資主導となり、株式市場と同じ構図になっている。

本章では、東京ディズニーリゾート、日本橋エリアの再開発、麻布台ヒルズ森JPタワー、大丸有（大手町・丸の内・有楽町）エリアなどを例に、三井不動産、三菱地所など大手デベロッパーの都心開発の目的と裏側を見ていこう。

「千葉方式」で大躍進した三井不動産

新聞の衰退で住宅やマンションの新聞広告は激減しているが、三井不動産など、不動産業界がスポンサーとなるイベントは日経新聞などの企画で盛んに開かれている。

日経新聞は2023年12月2日の朝刊において、全面カラー4ページの「日経SDGsフェス」の広告を打ち、新聞業界で注目された。

その広告で三井不動産は、自社の意外な歴史を振り返る。「当社グループはその時々の社会課題を街づくりにおける価値創造を通じて解決してきました。埋め立て事業による日本の工業化の後押しに始まり、……」と書かれている。

千葉県企業公社の発注による船橋や浦安など、東京湾の埋め立てが三井不動産を大きく育てた。

関係者はこの埋め立てで、**「千葉方式」**といわれる独特の方式を採用して、次々と東京湾を埋め立てていった。**これは、県が埋め立て費用を完成した埋め立て地で業者に格安に支払うという方式だ。**

三井不動産の社史には、埋め立て事業について次のように書かれている。

「高度経済成長の幕開けとときを同じくした（昭和）32年の浚渫埋立事業への進出は、当社にとって劇的な発展の端緒であった。市原地区、千葉港中央地区に代表される東京湾の埋立てを初めとして、大阪湾、伊勢湾、北九州、大分地区などで、当社があいついで推進した埋立て造成地の上に、鉄鋼、電力、造船、石油コンビナートの最新の大型工場が建設され、高度経済成長の一翼を担ったのであった。東京圏を初め全国各地で大規模な住宅地を開発し、多くのニュータウンを建設していった。ビルと埋立てと宅地開発という事業の三本柱が、業績のスパイラル的な拡大を実現していく。埋立てを通じて蓄積された底力は、再びビルに向かい、43年、日本最初の超高層霞が関ビルに結実し、当社の名声を一挙にあまねくした」

こうして三井不動産は、事業エリアを沖へ沖へと延ばした。

千葉方式がマジックといわれるのは、**埋め立て業者が安い単価の埋め立て地を工事代として受け取り、その後都市化が進んだ段階で転売することで膨大な利益が生まれたからだ。**

ちなみに、現在の「ららぽーと」も、埋め立て事業の機能を持つ会社だった。

1960年、三井不動産の江戸英雄社長、京成電鉄の川崎千春社長らの手で「オリエンタルランド」が設立された。

資本金10億円、発行株式数2000万株（額面500円）、株の所有関係は京成電鉄が72万株、三井不動産が64万株、朝日土地興業（旧船橋ヘルスセンター）が64万株だったようだ。

当時のオリエンタルランドは、浦安沖を埋め立てる役割も担い、最終的に「レジャーセンター オリエンタルランド」を建設することを目的とするとされていた。オリエンタルランドは「埋め立て、分譲会社」でもあった。埋め立て地に世界的な遊園地（オリエンタルランド）をつくり、残りを住宅地として分譲する構想だったのだ。

このモデルとなったのは、旧船橋ヘルスセンターだ。

オリエンタルランドが取得した埋め立て地は、地下鉄東西線の開通によって、地価が約10倍になった。この地価の暴騰を見越してこの会社がつくられたようだ。

65年、朝日土地興業が所有していたオリエンタルランド株のすべてが小佐野賢治氏の手を通して日綿実業に渡り、三井不動産と京成電鉄があわててこれを買い戻した一幕があった。

漁民から漁業権を買い上げ、海を埋め立て、埋め立てた土地を大企業に売り、工場を進出させる。千葉の中央地区の埋め立てを始めた千葉県が選んだパートナーもまた、三井不動産であった。

友納武人・元千葉県知事（63年から3期12年間）が、副知事時代に知り合った三井不動産のドンである江戸英雄氏（当時の三井不動産社長）の協力を得て、610ha、事業費150億円の千葉港中央区埋め立て工事を始めたのは、知事就任まもない64年だった。**浦安は、埋め立てによって市の面積が4倍にもなった。**

三井不動産の黄金時代の入り口を築いた江戸英雄氏は「東京の地価は、事業用地の需要が殺到してすさまじく高騰している」「それを解決するための土地の大きな供給源は東京湾ですよ」と訴えた。

民間事業者の海洋埋め立てを可能にした公有水面埋立法は、私権の及ばない水面を地面にするための手続き法で、免許権限は知事にある。

埋め立てる際に保護や買収の対象になるのは漁業権などに限定されており、漁民に補償すれば、あとは造成費だけで土地ができる。知事が持つ権限のなかでも最大のものとされ、このおかげで埋め立てが次々に進んだともいえる。

水平から垂直の時代へ

だが、埋め立てが急速に進むにつれ、水質汚染や自然破壊の問題が全国的に相次ぎ、海の乱開発に批判が向けられた。

公有水面埋立法は１９７３年に一部改定され、それまで民間にも免許を与えていた分譲目的の埋め立てには、公共団体が半分以上出資するなど、厳しい規制が課された。

その後半世紀近く、埋め立て地に立地する工場群は操業を縮小し、一部は海外に移転した。

埋め立て地には住宅やテーマパーク、大型ショッピングセンターが残り、浦安市舞浜の住宅などは東日本大震災の液状化で大きな被害を受けた。住民は売った相手を訴えたが、敗訴した。

その後、**巨大デベロッパーは海における水平方向の不動産拡大から撤退して、現在は主に東京都や神奈川県を相手に垂直方向の事業領域を次々と伸ばしている**。公園や公有地に摩天楼を建てることは、海外では極めて困難だが、東京においては、認可手続きは埋め立てより困難ではなかったように見える。

都内や横浜市の土地をまとめた大型再開発事業では、補助金や容積率のボーナスや公共貢献に対する見返りが、埋め立てよりずっと大きいはずだ。

再開発が呼び水となって周辺の開発に波及すれば、賃貸ビルの賃料や地価が上がり、地域全体が潤う。もちろん賃料は安くはないため、それを負担できない零細企業は再開発地から離れていく。

もしも浦安に国際空港ができていたら……

さて、東日本大震災で液状化した浦安を、私はすでに数十回訪ね、見聞を重ねている。あるタクシー運転手の話では、「オヤジは空港建設などのために浦安の埋め立てや工場進出に反対した漁協の幹部で、埋め立て反対で田中角栄のところに直談判に行くと、昼飯代といって封筒を渡された。なかには100万円入っていた」という。

ほかにも、とても書けないようなびっくりする話も聞いた。

当時、羽田空港の機能を代行する新空港建設地として最有力候補だったのが浦安一帯だったが、その計画が頓挫し、成田に向かった。

その後、羽田の沖合展開が決まり、首都圏の空港の国際線は成田と羽田の2拠点体制となった。第2章で述べたように、いま、沖合展開で生まれた旧空港跡地の天空橋が開発に沸くのはこの先だ。

関東大震災後100年の都市開発を浦安の地に立って振り返ると、いろいろな都市妄想が湧き立ってくる。

もしも浦安に羽田の新空港ができていたら、TDL、埋め立て地の浦安の住宅地、そして天空橋など大田区のいまの風景も、まったく違ったものになっていたのではないだろうか。

東京ドーム移転で跡地はどう変貌するのか

読売新聞東京本社など、読売グループの支援を受けてきた東京ドーム。その経営刷新と大胆な事業再構築計画は、三井不動産の手に移った。

東京ドームは、2019年ごろから香港の外資などから株の買い増しを受け、経営資源と資金の最大活用を目指せという外資流の経営改革を求められていた。巨人軍の本拠地ということで、読売グループも買収の防戦に回った。

そこで読売と共同戦線を張ったのが、自社株の半分を外資に買われる三井不動産だった。外資のアプローチに対し、どう振る舞えば利益が最大化できるか熟知している三井不動産にとって、新聞社も東京都も東京ドームも、組みやすい相手だろう。

三井不動産は21年、東京ドームをTOB（株式公開買付け）で子会社にした。

残りの株式の買い取りを進め、いったん完全子会社とし、東京ドームを上場廃止にした。買収金額は約1200億円と安かった。

全株式取得後、20%について読売巨人軍を傘下に持つ読売新聞グループ本社に譲渡し、よりいっそうの連携を図るという。東京ドームは東京・水道橋に敷地面積13万㎡、商業施設、遊園地、ホテルなどを有する複合施設、東京ドームシティを保有する。

この一帯の主要資産の簿価でさえ2000億円規模のようだが、最大の悩みは施設の「老朽化」であるという。

一方で巨人の本拠地移転は、長年にわたる読売グループの懸案事項だが、一連の問題解決は基本的に三井不動産に任せたようだ。

東京ドーム至近のトヨタ東京本社も三井不動産が買収済みだ。三井不動産が築地市場再開発におけるメインの事業者となって、東京ドームの築地等への移転の目途がつけば、東京ドーム一帯はどうなるのだろうか。

もうからない遊園地や展示会場をやるよりも、超高級マンションを中心とした住宅開発と、商業施設を含めた複合ビル開発が選択されるのか。

この地区にかかる建ぺい率・緑化率に制限のある東京都の都市計画公園指定を実質的に外すことも難しくないはずだ。

東京都港区の麻布台ヒルズ森JPタワーが、23年11月に開業、分譲マンションの価格の天井を突き破った超高級マンションが誕生した。

麻布台ヒルズ森JPタワーは、最上部の54階から64階が居住用の分譲マンション「アマンレジデンス東京」となった。**その分譲価格は最低価格20億円、最高価格300億円とも予測された。賃貸されれば500万円以上**と見られているが、「それでもニューヨークのマンハッタンよりは安いかも」といわれる。

麻布台ヒルズの8haにも及ぶ敷地の開発計画は、30年以上かけて進められてきた。私はこの構想を30年近く前に、森ビルの総帥だった故・森稔氏から直接聞いている。

元は麻布郵便局などがあったところだ。郵政民営化で、日本郵政グループは三菱地所や三井不動産などを相手に土地を売り、ビル経営の指導を仰いできた。

森JPタワーの「JP」とは、ジャパン・ポストのことであり、日本郵政の子会社である日本郵便を指す。

都心の郵便局が売られ、とんでもない値段の高級マンションに化ける。日本郵政も不動産市場の中にどっぷり浸かり、不動産売却プレーヤーとして活躍している。

23年の不動産経済研究所の調査によれば、東京23区の新築マンション（70㎡）の平均価格が一時、1億3000万円台となった。

これは日本郵政が、港区三田の一等地にある旧逓信省の旧東京簡易保険支局（かんぽ生

命保険　東京サービスセンター）をマンション用地として大手不動産会社に売却し、そこに最高一戸数億円のマンションが建つことになったからだ。

これは、綱町三井倶楽部の向かいにあった日本郵政の文化財級建物で、日本建築学会などから保存が望まれたが、あっさり三井が買収。慶応大学と三菱地所も共同事業者に入れて、日本最高級の超億ション、「三田ガーデンヒルズ」（発売済み）を建設中である。

一戸数億円の物件が多数で、このマンションが発売された月は、東京23区の新築マンションの平均価格が1億円を大きく超えた。「三田ガーデンヒルズ」が平均価格をつり上げたのだ。

KKラインを遊歩道に変身させる三菱地所

東京都は竹芝の都有地を再開発し、再開発事業者に浜松町駅から竹芝までのペデストリアンデッキを設けさせた。

東京都は、築地市場再開発に際して、このペデストリアンデッキにつなぐ遊歩道を浜離宮、築地市場跡地の方面に延伸させる計画だ。具体的には浜離宮恩賜庭園前の堤防を遊歩道に改変し、築地市場跡地につくる堤防の歩道につなげる。

また、竹芝から新橋方面へは、銀座の首都高につながる自動車専用道のKKラインがある。それが遊歩道化されることも決まっている。

KKラインは新橋や京橋方面にもあるが、こちらも遊歩道化する。首都高の日本橋区間の高架道路撤去に合わせ、銀座エリアでも首都高は地下トンネル化されるためだ。

さらに、東京都や中央区は旧築地川を使った首都高速の道路区間に蓋をして、そこを緑道の歩道（水と緑のプロムナード）とする都市計画を、KKラインの大株主の三菱地所グループと計画している。

もし、すべての遊歩道がつながれば、銀座〜新橋〜竹橋〜築地〜銀座を一周する山手線のような遊歩道になる。このエリアで眺望のよい場所のマンションは、既存の建物も新築も値上がりするかもしれない。

最終的にサークル展開を目指すKKラインの内外は、新しいレジデンスの候補地になる可能性は高い。

「日本橋の三井」VS.「大丸有の三菱」都心の大プロジェクトでしのぎを削る

三井不動産は、その本社がある中央区日本橋や八重洲の取り組みについて、技術的にも最先端をいっているとPRする。

「日本橋の産業創造で新たな街の賑わいを」の意味するところは、「ライフサイエンスと宇宙を日本橋の戦略領域としてオープンイノベーションを促進し、新たな価値の創造を目指しています」としている。

江東区豊洲や船橋市の南船橋、浦安市舞浜などの大規模住宅街を開発したのも三井不動産だが、豊洲では日本の宇宙産業の有力企業であるIHIの元基幹造船所の土地を大量に買い、タワマンやショッピングセンター（アーバンドック　ららぽーと豊洲）を含む大規模再開発をしている。

日本橋と豊洲は近い。文部科学省が管轄するJAXAなども巻き込み、その宇宙へのショーウインドウであることをPRしたいようだ。

また、東京の日本橋は、大阪の道修町《どしょうまち》と並んで製薬会社が多いところだ。このため**三井不動産は、日本橋を医療ヘルスケアの最新テクノロジーの拠点にしようとしている**。広告には「ライフサイエンス・イノベーション　産官学連携でオープンイノベーションを促進」と書かれている。

一方、東京駅前の一等地120haを占める大丸有（大手町・丸の内・有楽町）エリアがある。多くは明治期から三菱地所もしくは三菱の企業群が保有し、明治時代は英国のような建物が立ち並び、「一丁倫敦」とも形容されてきた。日本のオフィスビルの先駆けだった。

大丸有地区では、10年ほど前から本格的に世界一の新しいビジネスイノベーション（事業革新）の取り組みが始まっている。

大丸有の「大家」である三菱地所によると、同地区は世界最大級のイノベーション地区を目指すという。大丸有は日本の上場企業のおよそ1割を占める会社の本社機能が集中する世界有数のビジネス街なので、それができるのだろう。

現在進んでいる大丸有エリアの「東京トーチ」は、多様性や交流をベースにしたイノベーションやGXの拠点にする考えだ。

常盤橋地区は3ha以上もあり、常盤橋タワー（延床面積14・6万㎡）と、2027年に完成するトーチタワー（54・4万㎡）が拠点となる。これまで住宅は少なかったが、大丸有で初のラグジュアリーレジデンスが設けられる。最高級ホテルと連携し、国内外から選択される都市になりたいのだという。

2027年度、その総仕上げとして三菱地所の巨大再開発「東京トーチ」（東京駅前 常盤橋プロジェクト）の街づくりが立ち上がる。これも東京都の下水道局の拠点施設があったところで、官民協力事業となっている。

大丸有もこれまでは自動車中心の街づくりだったが、丸の内仲通りの遊歩道化を目指し、賑わいとイベントのデートスポットになっている。なかでも、**大丸有地区で三菱地所グ**

ループが力を入れるのが、スタートアップ企業の誘致と育成だ。

代表的な独創性のあるスタートアップ、海外スタートアップ、フィンテック、ディープテック、国内シード・アーリーステージのスタートアップ、カーブアウトなど、数ジャンルの先端ベンチャーを世界にも売り込んでいる。

大丸有地区の再生に向けてスタートアップを呼び込んで20年を経た。多様な人や企業が集い、交流することを通じて進化していくオープンイノベーションを試み、日本橋の三井不動産に対抗している。

三井不動産、三菱地所とも都心の大型再開発で、温暖化防止や脱炭素など環境政策にも貢献していく戦略だ。

いよいよ不動産デベロッパーがテック中心の街づくりに乗り出そうとしている。マンションもそうした有望なエリア界隈が顧客を引きつけそうだ。

土地も人々の階層もますます二極化が進むなか、サラリーマンには、しぶとい資産戦略が突きつけられている。

特別付録

これから家を買うサラリーマンのための資産防衛術8ヵ条

資産防衛術 1

「マイホームは一生持ち続けるもの」という考えを捨てよ

これまで、マイホームは「一生持ち続けること」が前提だった。

しかし、これからはそれが大きな間違いだ。

マイホームは次に売るための「商品」で、マイホーム購入とは、それを仕入れたにすぎない。

商品などといえば、家族のためのマイホームを冒涜していると感じるかもしれない。

しかし実際には、**ローンを払い切るまではお金を貸してくれた銀行の担保物件**にすぎない。まさしく借り物の物件ではないか。

とりあえず、頭のなかから「男の城」「女の幸せ」などの一般的な商品価値のない発想は駆逐してほしい。

そして**「一生持ち続ける」という選択肢は排除してほしい。**

「最近は男の城とか思う男性はいません」と女性は言うかもしれない。しかし、マイホームを一生ものと考えると、一生の大部分支払い続けるローンを背負い込む「男の監獄」であったことは一端の真実を物語る。

人生でマイホームは2回以上買い、その間は賃貸に住む方法がある。賃貸主義者のほうが新しいマイホームの買い方にすんなり入っていけるかもしれない。

資産防衛術

2 住宅は典型的な「金融商品」であることを肝に銘じよ

不動産価格は日銀の金融政策と連動し、今後は日銀政策の深掘りがマイホーム投資の決め手になる。

つまり、**住宅を「金融商品」ととらえることが何より大事**だ。

住宅ローンは残高が20兆円もある巨大な商品であるため、減税など国の政策が大きく影響するのはご存じのとおりだ。

ほかの商品と同じように、**相場の高いときに売り、相場の安いときに買う**のは当たり前だ。

これまでは、売ったら、またすぐに買うということが無意識のなかにあったはずだ。それでは高いときに売って高いときに買うことになるので意味がない。状況に応じて**「賃貸住宅に移る」という選択肢を忘れないでほしい**。

そのときの家族数など、家庭状況に合わせた賃貸住宅を借りるのだ。「自宅はどうするのか。空き家になってしまう」と思うだろうが、賃貸に出せばいいだけだ。

また、最近では大規模な分譲物件には、必ず賃貸に出されるマンションがある。自分のマンションを売って、同じマンション内の賃貸物件があればそちらに移転する。家族状況に合わせることもできる。売却で利益確定した「含み益」部分は賃貸住宅の家賃に使える。高く売って含み益を確定し、それを家賃に回し、住宅価格が安くなったら、賃貸生活をやめ、売却して得た資金を元手にまた持ち家に住めばいいのだ。

「そんなの面倒くさい」と思う人も多いだろう。確かに、十分な資産がある人、副業で稼げる人、本業がもうかっている人はそこまでしなくてもよい。「そんな芸当はない、私は普通のサラリーマンです」というならば、少しは考えたほうがよい。サラリーマンが普通に家を買っていたら、大変な時代が始まる。

また、**買うよりも大事なのは住宅の売りのタイミング**だ。相場が高いときは、売却により利益確定ができる。

ある意味で、不動産とはうまくお金を借りることだ。住宅ローンなどレジデンス投資には独特の癖や利点がある。

資産防衛術 3
湾岸の「晴海フラッグ」のように、「訴訟になっている物件」こそ、じつは狙い目だ！

再開発による訴訟は、思っているより多いものだ。

まず思い浮かぶのは、再開発にともないそこを追い出された住人だろう。しかし、この手の訴訟は第三者にはあまり関係ない。

興味深いのは、**住民側が行政を訴え、再開発を告発している訴訟**だ。

過密都市東京で、これだけ再開発があるのには深い理由がある。

10年ほど前から、民間のノウハウや民間の資金力などに依存するため、容積率の思い切ったボーナス（追加付与）を行政が大手デベロッパーにプレゼントする開発事例が目立っている。

自治体は財政不足を理由にそれまでやっていた土木・箱物事業で民間の力を借りることが多い。時には「丸投げ」に近い事業もある。

本書で触れた東京五輪選手村が晴海フラッグに化けた事業は代表的だ。神宮外苑関係の再開発もそうだ。また、公園や学校など低層利用の公有地に目をつけ、そこを民有地に変換する事業も盛んだ。

そうした開発事業は、自治体が破格で用地を提供することも少なくなく、完成後の物件はお買い得になる場合が目立つ。

住民訴訟をした側から見ると、その自治体の住民の財産がお安く民間物件に変換されるわけだから、「けしからん物件」か「罪深い物件」となるわけだ。

「青空」(容積率)がプレゼントされるという、新しい払い下げの形に近いかもしれない。産業革命が起こった英国では、繊維の原料の羊を育てるために、牧草地を囲い込むエンクロージャーが行われたが、現代日本ではタワマンなどをつくるために、行政とデベロッパーによる「公有地囲い込み運動」が盛んになりつつある。

どうすればそれがわかるかというと、早い段階から役所や企業を回り、住民運動の動きを見ておくことだ。「そんな記者みたいなことはできない」「市民運動は政治的で偏っている」と一般市民は腰が引けるだろうが、これは一度やったらやめられないほど面白い社会観察だ。

もう市民記者の時代は始まっている。記者でなくてもできるし、実益にもつながるかもしれない。一般人がそれを酒場で話すと「運動家」か「インテリ」(もしくは変人)に誤解されることもあるかもしれないが。

不動産がからむ訴訟やトラブルを、社会面的に訴訟や事件としてだけとらえてはいけない。「不動産の新しい方程式かもしれない」と考え、経済・経営・金融的にアプローチすることが必要だ。

「よい不動産を買っておけば誰でも3000万円もうけられる時代」の実現は、こうした開発最前線をリサーチする意欲のいかんにかかっている。

資産防衛術 4 「家族数に合わせた部屋数」「標準的な間取り」に惑わされるな

子育て中など、**マイホームを買うタイミングは家族数が多いときが多い。**

しかし、子どもは学校を卒業すれば独立するし、夫婦も別居や離婚という可能性がある。幸い、マンションでは部屋があまりすぎるという事例はないが、中古住宅では家族数が減って2階部分を取り除く減築リフォームも実際に行われている。

高齢化すると、2階に上がる階段が大きなリスクとなる。高齢で階段を転げ落ちると骨折など大ケガにつながり、病院で動けなくなって認知症が進む場合も少なくない。体を動かさなくなると筋肉が落ち、歩けなくなるリスクもある。

したがって、分譲住宅は**「ちょっと狭い」くらいがベターで、「かなり狭い」感じがベスト**といえるかもしれない。

家族の構成人数は右肩下がりが前提だから、そのトレンドに合わせるのだ。

「住宅に家族数を合わせようとは何事か！」という反論もいただく。そういう考えが少子化を促進し、家庭の団らんや家族の幸せを奪うという主張だろう。

しかし、社会全体では、「住宅に家族数を合わせる」ということが無意識で進んでいる。これだけ少子化が進めば、標準的な家族の構成員数は2〜3人までだろう。

間取りの常識も変わりつつある。

固定電話はそれぞれの携帯電話となり、テレビを観ない家庭も急増している。

そうなると、**居間の機能も変わっていく**。

ひと昔前は、家族が集まってテレビや新聞を見ながら団らんというのが居間のイメージだったが、テレビや新聞がなくなれば、食事が団らんのメインイベントとなる。

働き方の多様化など、さまざまな事情で家族が同じ時間に集まれないケースも多く、居間機能の空洞化も指摘される。共働きの両親を気遣って、子どものほうから「休みの日ぐらい家族一緒に外食しようよ」ということもある。

一方、コロナ禍による在宅勤務の流れで、居間を仕事場に有効活用する動きが出てきた。

マンション1億円時代に対処するには、**居間の機能を複合化し、居間を隠れた空き部屋（不良資産）にしないこと**だ。

もし共働きで忙しいなら、キッチンもつぶすという検討もできる。コンビニやスーパーの前の物件に住めば、そこにキッチン機能を丸投げできるし、マンションに洗面所があれば水は使える。

居間の団らん機能は、近くのレストランなどに機能移管できるかもしれない。立派なキッチンがなくても、都心には疑似キャンプやバーベキューができる施設もあるので、「家族で一緒に料理」もマイホームの枠を超えて実現可能だ。

閑静な住宅街では難しいが、都市部の駅徒歩10分圏内なら、**分解した自宅の機能を自宅外で賄うことができる。**そもそも外で働くこと、子どもが幼稚園や学校に通うこと、衣服のクリーニングなどのさまざまな行為も、自宅機能の外出しといえるのだ。

「そんなことをしたら、食育を含め育児そのものが崩壊する」と批判もあるだろうが、臨機応変に考えることで工夫の余地も生まれるだろう。

マイホームを取り巻く常識や思い込みは、そこに購入者を引きずり込む蟻地獄のようだ。常識に惑わされて無駄な間取りをつかまされないよう、警戒してほしい。

自身と家族のライフスタイルによって、ベストな間取りは変わる。自宅はビジネスホテルと割り切って使うのもよいのではないだろうか。

コロナで大規模オフィスよりシェアオフィスが注目されたように、マイホームを部屋の集合体と考えると、面白い使い方ができるかもしれない。

しかし、この点において不動産業界はまったく冒険的な提案をしてこなかったので、間取りは旧態依然としたものが多い。

昔の間取りに家族を合わせているだけでは面白くない。ペットが完全に家族の一員となったのだから、ペットの視点も不可欠である。

一部の海外では一般的になっているスケルトン販売方式で、内装は買い手がするという方法なら部屋の改造はやりやすい。

ただ、日本では中古市場に出す場合も「標準的な間取り」が好まれ、個性的な間取りになりにくい。貸すにしても借りるにしても、賃貸借契約終了後は原状の回復が求められることがほとんどだ。

資産防衛術 5

一戸建てなら「4階建て」で、住宅ローンは「テナント」に払わせる

最近は、売買の流動性に欠ける一戸建ての人気がないが、それは土地の選び方や使い方がいまひとつだからだ。

筆者が一戸建てを持つなら、4階建てにしたい。

車を持たず、1、2階とも、できれば3階まで貸家や店舗にしてテナントを入れるのだ。

「大家はそんなに楽じゃないよ」「狭い家には誰も入居しないよ」という意見もあるが、立地については住宅街を避ければそれは可能だ。

空き家にしないためには、**4階建ての建築に制限がかかり得る第一種住宅専用地域など、住宅系の用途地域を候補から外すこと**だ。

おすすめは商業系地域の土地で、準工業地域でもよい。

そして、**戸建ての住宅ローンはできる限りテナントに払わせるべきだ。私はこれを「自宅大家作戦」**と呼んでいる。賃貸需要がある都市部では、一戸建ても高層化し、平屋低層の時代は終わる可能性もある。

4階建て分野は住宅構造や機能も進化しており、パナソニックなどが力を入れている。

「戸建ては4階建て」という新時代の常識を頭に叩き込んでほしい。

「閑静な住宅地でないとうるさくて住んでいられない」という人は、自分で住宅ローンを払い続けるしかない。

商業地域は「防犯上よくありません」などと業者が言うかもしれないが、住宅街こそ、防犯面でも不安が出てくる空き家が増えることは間違いない。

住宅街に土地ばかりか建物もセットで投資してしまうことは、おすすめできない。

資産防衛術 6

10年後に「値上がりしないマンション」は不動産ではない

土地が下がり続ける時代が続いている。

「インフレ時代だから違うでしょう」と反論されるかもしれないが、そんなことはない。人口減少と過疎化で全国の土地のほとんどが値下がりしている。**地方にあっては公示地価よりずっと安くないと売れないところは無数にある。土地や家屋（多くの場合は空き家）の相続で登記や測量をすれば、それだけで赤字になる場合は少なくない。**

そんな時代に「10年後に値上がりしないマンションは不動産ではない」と言うと、上から目線で非常識ではないかと思われるかもしれない。

しかし、**東京など大都市の土地のごく一部は、値下がりせず、調整局面を除けば上がり続ける時代に入っている。**

それゆえ、税務評価と実質価値（時価）の乖離が見られるタワマンは優位な商品で、税務署対策を考えても中短期投資の視点で買える。

「埋め立て地の湾岸に住む人の気が知れない」という声（ほとんどは山の手族の遠吠え）もあるが、**津波や地震のリスクを限定するには短期売買が適している。**そのほうがもうかる確率は高い。

「住宅は一生もの」という前提で、首都直下地震等のリスクも織り込めば、何も買えない。

それは、過去10年を見れば如実にわかることだ。デフレだからマンションが値上がりしないということはない。そもそも不動産は、家賃以外は物価統計に入っていない点などから、常識を疑うことから考えてみよう。

日本経済と人口が減少し、経済が縮小していても、今後も人口が増えて、経済が拡大する地域は数多く存在する。

できれば、本書中にあるたくさんのヒントを参考に、まだあまり注目されていない、お得な穴場エリアを探し出してほしい。

資産防衛術 7

短期売買を前提に、将来をシミュレーションせよ

富士山噴火や首都直下地震、南海トラフ地震など、この先数十年でかなりの確率で起こる地震や大災害。「住宅は一生もの」と考えていると、そうしたリスクをマイホームごと受け止めてしまうことになる。

さらに、今後は人口減少リスクによってマイホームの売却が困難になることがある。

また、マンションなら15年前後で大金がかかる大規模修繕を繰り返さなければならない。そうすると「一生もの」と考えるほど危ないマイホームの買い方はない。

不動産や景気のサイクルを考えても、10年、15年単位の売買のほうが買いやすいし、売りやすい。それは当たり前のことだ。

だからこそ、**マイホームは短期売買を前提とする。**

そのうえで、次のようなことを予測する。

- **家族数のピークは何年後になるのか（子どもが家で暮らすのはいつまでか。すでにピークを迎えている人もいる）**
- **ペットを飼う予定はあるのか**
- **いつまで仕事を続けるのか**
- **ローン完済時まで家を保有するとして、その時点で家族数は何人か**
- **別居や離婚はあり得るのか**
- **老後、配偶者が亡くなって一人暮らしになったら、どうするのか**

ぼんやり考える程度ではなく、これらを具体的にローン残高の曲線の中に書き込んでみるのだ。さらに「このあたりでマンション売却」「賃貸生活検討」「住宅再購入期」なども記していく。

そのうえで、ローン残高や将来の収入予測に合わせて、自宅不動産戦略を考えよう。

また、ローン返済中に勤務先の会社が傾く(最悪の場合倒産する)、希望退職やリストラ、大きな事故や大病といった事態も念頭に置こう。

「そこまで考えたら家なんて買えない」「心配性すぎる」と言うかもしれない。

ただ、不運な出来事は誰にでも襲いかかる可能性があるが、周到に準備した者だけに幸運は微笑むものだ。

また、不動産を購入するなら、最悪の事態に対処できる準備や身軽さが不可欠だ。

資産防衛術 8

不動産は「プロ」の手口と目線で買え

マンションを買うとき、物件の良し悪しなどについてよく勉強し、20件でも50件でも100件でも足を運んで物件を決めるのは、たしかに王道かもしれない。

しかし、そんなことより**マクロの経済状況、日銀政策の行方、政府の巨額累積債務が悪性インフレに転化する時期を見極めたほうがずっとよい買い物ができる。**

都心と湾岸のマンション相場が上がり、相場が低迷するときは23区の周囲や北部から崩れていく。郊外や地方を狙えば、基本的には値が下がるばかりで、購入後に「1、2年待てばよかった」と毎年思うことになる。

不動産のプロはそうした買い方をしない。売買は都心などに集中させる。**個人も資産としての自宅を買うのであれば、プロの作法を身につけたほうがよい。**

たとえば、訪日客ブームでホテルが乱立しているが、これはマンションの適地を奪っているともいえる。訪日客が増えるとマンションがホテルに囲まれ始め、そのうちマンションが建たなくなる。ただしホテルが飽和状態のエリアなら、この先、デベロッパーがマンション用地を確保できるかもしれない。

このように、**ホテルの立地戦争の動向も、マンション取得に有益な情報**となる。

また、ビルはオーナーが変わると、ビル名も変わることがある。オーナーは変わらなくても、**あえてビル名を変えることでビルのパフォーマンスがよくなる**こともある。中古マンションでも、同じ戦略を検討できる。

いまはマンションが高騰しているので、基本的には「売り時」だ。売り時は買い時ではないことがある。

こういうときに賃貸を選択できるのは、逆にプロではない個人の強みだ。

不動産という商品を扱うプロは、常に売買や仲介を続けなければならないが、サラリーマンには「賃貸住宅利用」というリスクヘッジがあることを忘れてはいけない。

プロ目線で言えば、ときには在庫処分が必要なこともある。

「マンションが高くて買えない」「在庫がない」という状況ですすめられる物件には要注意だ。少し前は不良資産だった物件かもしれない。

このように、不動産購入にはプロの手口や目線を知ることも重要だ。

「家族の幸せ」だけにこだわって物件を選ぶと、貧乏くじを引く確率が上がってしまうかもしれない。

おわりに

コツコツ型の不動産戦略では勝ち残れない
長期的な視点を持ち、豊かな未来を手に入れよう

本書の執筆がほぼ終わろうかという2024年3月、ついに日銀がマイナス金利政策の解除を決めた。

マイナス0・1%としていた政策金利を、0%から0・1%程度に引き上げたのだ。

ただ、これからも日銀は日本政府が発行した残存国債の半分以上を買い上げ、政府債務のかなりの部分を保有することに変わりはない。この部分の修正は1年以上先になるはずだ。

なぜなら、日銀が政府債務を買い続け、できる限り低金利を保ち続けるという使命を、

そう簡単に変更することはできないからだ。

過去20年の金融緩和政策は、不動産（マンション）価格と株（日経平均株価）の大幅な上昇をもたらした。それ以外にめぼしい政策の成果はない。

それは、大規模な超金融緩和政策に踏み込む時点でわかっていたことだ。しかし日本では、こうした指摘は表に出なかった。

ゼロ&マイナス金利政策が長期にわたった結果、日本の住宅価格は非常に歪められている。少子高齢化と人口減少で、**値上がり余地のあるエリアはどんどん狭まり、人気のある住宅地はどんどん高層化する。**

一方、地価は全国的に上昇しているという認識は、現実から見ると大きな誤りである。

筆者は1年前から実家のある山梨県に複数の空き家を抱えることになったが、残された家財道具の処分、登記等の実務、さらに物件の売り出しなどのコストをかけると、赤字になることが体感できた。だから、空き家は放置される。

日本が経済的に貧しくなり、人口が減るなか、メディアや行政が押し付ける空き家の再生や活用の成功事例はほぼない。

つまり、**地方や郊外から不動産価格がどんどん下がっていくので、地方移住者にとっては選択肢が増え続ける**ともいえる。

高度成長時代、輸出で日本を豊かにする製造業に向けては、東京湾をはじめ、全国の海を埋め立て、国土を広げることで産業競争力を強化できた。

その後、円高で日本の競争力が落ち、欧米との貿易摩擦が起こると、企業の生き残りのためには現地生産を選ばざるを得なかった。

これは日本の土地や雇用そのものが「輸出」されたのと同じ結果となった。バブル崩壊後の35年、日銀が株や不動産を買いすぎた時代の終わりはまだ見えない。

本書を読了してなお、「家族のためのマイホームでもうけようとは思わない」と答える読者は多いだろう。

だが、あえてそれを実行すれば、人生は変わる。

マイホームは10〜15年で高い時期に売り、賃貸生活を挟んで安い時期に再び買うという、私の提言した不動産活用法は、刺激的に思われるかもしれない。

ただ、**これをきちんと実践すれば、驚くほど豊かな老後が送れるかもしれない**のだ。

不動産売買のポイントは、長期的には金融財政のトレンドを読むことに尽きる。そうしたなかで、真面目にコツコツと目の前の物件探しをするのは、決して得策とはいえない。

半径5キロ圏内と半径20キロ圏内では、面積の比は1対16になる。人口減少のなか、仕組まれたマンション高騰で都心から郊外に出ても、郊外や地方の需要は埋めきれない。

巨額の政府債務問題は、常に悪性インフレ突入のリスクと隣り合わせだが、本書で述べたように、**その日本の弱点にこそ不動産投資の最大の好機が横たわる。**マイホーム投資に長期的な視点が必要なのはそのためである。

最後に、東洋経済新報社の中里有吾氏、清末真司氏、フリー編集者の山崎潤子氏、それにデータの活用でお世話になった長谷工総合研究所（参考活用したデータは月刊の『ＣＲＩ』から、原データは不動産経済研究所）の皆さまの協力に深く感謝申し上げたい。

２０２４年４月

山下 努

【著者紹介】

山下　努（やました　つとむ）

朝日新聞経済記者、朝日新聞不動産業務室員を経て、現在はフリーの経済ジャーナリスト・経済アナリスト。

1986年朝日新聞社入社、大阪経済部、東京経済部、『ヘラルド朝日』、『朝日ウイークリー』、「朝日新聞オピニオン」、『AERA』編集部、不動産業務室などに在籍。2023年朝日新聞社退社。

不動産業（ゼネコン、土地、住宅）については旧建設省記者クラブ、国土交通省記者クラブ、朝日新聞不動産業務室（社有不動産の投資先や投資候補地等の調査・分析）などで30年以上の取材・調査経験を誇る。

不動産をはじめとする資本市場の分析と世代会計、文化財保護への造詣が深く、執筆した不動産関連の記事・調査レポートは1000本以上に及ぶ。現在は、杉並区の阿佐ヶ谷、千代田区の二番町・四番町、中央区の築地など、首都圏10地点の再開発事業を鋭意取材中。

『不動産絶望未来』（東洋経済新報社）、『「老人優先経済」で日本が破綻』（ブックマン社）、『世代間最終戦争』（立木信名義、東洋経済新報社）、『若者を喰い物にし続ける社会』（立木信名義、洋泉社）、『地価「最終」暴落』（立木信名義、光文社）、『孫は祖父より1億円損をする――世代会計が示す格差・日本』（共著、朝日新聞出版）など多くの著書がある。

趣味はロードバイクほか。山梨県出身。

2030年 不動産の未来と最高の選び方・買い方を
全部1冊にまとめてみた

2024年6月11日発行

著　者――山下　努
発行者――田北浩章
発行所――東洋経済新報社
〒103-8345　東京都中央区日本橋本石町 1-2-1
電話＝東洋経済コールセンター　03(6386)1040
https://toyokeizai.net/

装　丁…………金井久幸（TwoThree）
カバーイラスト……iStock
D T P…………アイランドコレクション
編集協力………山崎潤子／清木真司
編集アシスト……山中美紀
印　刷…………ベクトル印刷
製　本…………ナショナル製本
校　正…………加藤義廣／佐藤真由美
編集担当………中里有吾

Printed in Japan　ISBN 978-4-492-73367-7